로마카톨릭과 바빌론 종교

어떻게 바빌론 여신이
동정녀 마리아가 되었는가?

데이비드 W. 다니엘즈 지음 / 한승용 옮김
잭 T. 칙 일러스트

말씀보존학회

Babylon Religion

by David W. Daniels

copyright© 2006 David W. Daniels & Jack T. Chick, LLC
Published by: CHICK PUBLICATIONS
P.O. Box 3500, Ontario, CA 91761-1019 USA
Tel: (909) 987-0771
Fax: (909) 941-8128
Web: www.chick.com

목 차

서 론
- 왜 우리는 이 책을 읽어야 하는가? ··· 6

제1장
노아에서 님롯까지
- 노아의 날들에 일어났던 것같이... ··· 9
- 대홍수 ·· 12
- 다산하고 번성하라 ·· 15
- 회복된 관계 - 그러나 오래가지 않았다 ······································ 16
- 아담에서 라멕까지 ·· 17
- 노아에서 아브라함까지 ·· 18
- 함의 자녀들 ··· 19
- "배블"탑 ·· 21
- 숙고해야 될 것 ··· 24
- 그들 모두를 다스릴 한 왕 ··· 25
- 님롯의 본색 ··· 28
- 셈의 의로운 복수 ·· 34
- 1장 요약 ··· 35

제2장
세미라미스를 향한 사탄의 계획
- 세미라미스의 종교 ·· 37
- 에덴 동산에서의 교훈 ·· 39
- 하늘의 여왕? ··· 40
- 예언의 거짓 성취 ·· 41
- 백성을 보호하는 성벽인가, 가두는 성벽인가? ···························· 43
- 불경한 제사장직 ··· 44
- 고해성사 ··· 45
- "신비들"로의 입문 ··· 47
- 탐무스는 어떻게 "신"이 되었는가? ··· 51
- 세미라미스의 죽음 ·· 59
- 2장 요약 ··· 61

제3장
바빌론 종교의 전파
- 바빌론 종교의 비밀들 ·· 63
- 판매되는 "신들" ·· 65
- 달력에 의한 바빌론 종교 전파 ··· 67
- 많은 이름을 가진 동일한 "신" ·· 69
- 고대 세계의 할리우드 ·· 70
- "신들"의 변천 - 님롯 ··· 76

- "신들"의 변천 - 세미라미스 ··· 82
- "신들"의 변천 - 탐무스 ·· 89
- 뒤섞이는 "신들" - 부모에서 자녀까지 ······························· 91
- "신들"의 변천 - 어머니 여신 종교 ···································· 92
- "신들"의 변천 - 사탄의 계획 ·· 94
- "신들"의 변천 - 사탄의 문제 ·· 99
- 바빌론 종교의 본질 ·· 100
- 3장 요약 ·· 105

제4장
자신의 백성을 향한 하나님의 계획

- 마귀의 "조직화된" 종교 ·· 107
- 하나님의 백성 - 좋든 나쁘든 ··· 111
- 바빌론 재건 ·· 115
- 4장 요약 ·· 117

제5장
예언의 참된 성취

- 약속된 씨의 오심 ·· 119
- 보라, 하나님의 어린양이라! ·· 123
- 시험받으신 예수님 ··· 124
- 예수님의 희생 ··· 128
- 선하신 분을 가둬 둘 수 없다 ··· 140
- 예수님의 마지막 강론 ··· 142
- 하늘로 올라가신 예수님 ·· 143
- 하나의 길! ·· 144
- 유일하신 참된 대제사장 ·· 145
- 하나의 길 - 그리고 많은 사다리들 ·································· 146
- "주여, 주여" 하는 자마다 다 구원받을까? ······················· 147
- 하나님께서 찾고 계시는 사람 ··· 148
- 5장 요약 ·· 149

제6장
네로에서 콘스탄틴까지

- 그리스도인들을 박해하는 네로 ······································· 151
- 안티옥에서 자신의 말씀을 보존하신 하나님 ······················ 152
- "다시" 이집트를 이용하는 사탄 ······································ 153
- 콘스탄틴이 중심이 된 역할 ·· 155
- 각인각색의 해석 ·· 156
- 이름을 바꾼 "태양 신" ·· 157
- 카톨릭 체계를 창출하는 콘스탄틴 ··································· 159

- 사탄의 "성경" ··· 161
- 필요 가치가 없어진 콘스탄틴 ································· 162
- 6장 요약 ··· 163

제7장
부활한 바빌론 종교!

- 최종 준비 ·· 165
- 세미라미스의 변신 ·· 167
- "예수"의 변신 ··· 168
- 속이는 자와 속는 자 ·· 170
- 창녀들의 어미 ··· 173
- 아라비아의 세미라미스 ·· 174
- 많은 마리아들 ··· 178
- "아주 작은" 종교 재판 ·· 179
- 승리에 도취된 사탄 ··· 184
- 불결한 새장 ·· 185
- "태양 신"의 새 본거지 ·· 186
- 7장 요약 ··· 187
- 결론 ··· 188
- 예수님의 초청 ··· 189

부록 A

- 권말 주석 ·· 190

부록 B

- 주석을 단 참고 문헌 목록 ······································· 213
- 주제별 색인 ·· 219

이 책에 인용된 성경구절은 〈한글킹제임스성경〉입니다.

서론: 왜 우리는 이 책을 읽어야 하는가?

당신은 아래의 예들 중 하나와 같이 반응할 것이다.

이것은 당신이 알게 될 것들 중 일부이다.

---

[1] '고대의' 바빌론이 아닌 '영적인' 바빌론, 즉 로마(본서 4,6,7장 참조).

몇 가지 반응이 아래와 같이 더 나올 수 있다.

당신은 "동정녀 마리아"라 불리는 여인의
실체를 알게 될 것이고, 사탄이 바빌론 여왕을
"여신"의 형상으로 바꾼 이유를 알게 될 것이다.

당신은 그 진실에 놀랄 준비가 되어 있는가?

제1장
노아에서 님롯까지

  이 일이 있기 120년 전, 하나님께서는 죄인들에게 진저리가 나셨다. 그분은 "사람의 마음의 생각의 모든 상상이 계속해서 악할 뿐임을" 아셨기에 노아라 불리는 하나님의 사람에게 그분의 심판을 미리 알려 주셨다.[1]

그리고 드디어 그 시간이 되었다!

[1] 창세기 6:1-8 참조.

땅에 거하며 숨쉬는 모든 종류의 피조물들은 자신의 유전자에 자기 종(種)의 미래를 담고서 방주 안으로 들어갔다. 노아는 120년 동안[1] 대홍수와 구원에 관해 전했지만, 오직 그의 가족들만 구원받게 되었다!

아무도 다가오는 하나님의 심판에 신경쓰지 않았던 것이다.

---

[1] 베드로전서 3:20, 베드로후서 2:5, 히브리서 11:7, 창세기 7:7 참조.

"홍수 전의 날들에 그들이 먹고 마시며, 장가가고 시집가고 하기를, 노아가 방주로 들어가던 날까지 하다가..."[1] 아무도 무슨 일이 벌어지고 있는지 알아차리지 못했다. 결국 때는 너무 늦어버렸다! 하나님의 심판이 시작되었으니...

그리고 감히 상상할 수도 없는 일이 벌어졌다!

[1] 마태복음 24:38 참조.

"그 날에 모든 큰 깊음의 샘들이 터지고..."[1] 물이 위와 아래에서 터졌다.
성읍들은 붕괴되고, 문명이 사라졌으며, 무수한 사람들이 죽고 말았다.

사람들은 더 높은 땅으로 필사적으로 달려갔다.
어떤 이들은 방주를 마구 두드렸다. 그러나 물은 계속해서 불어났다.

대홍수는 이제 시작되었을 뿐이다...

[1] 창세기 7:11 참조.

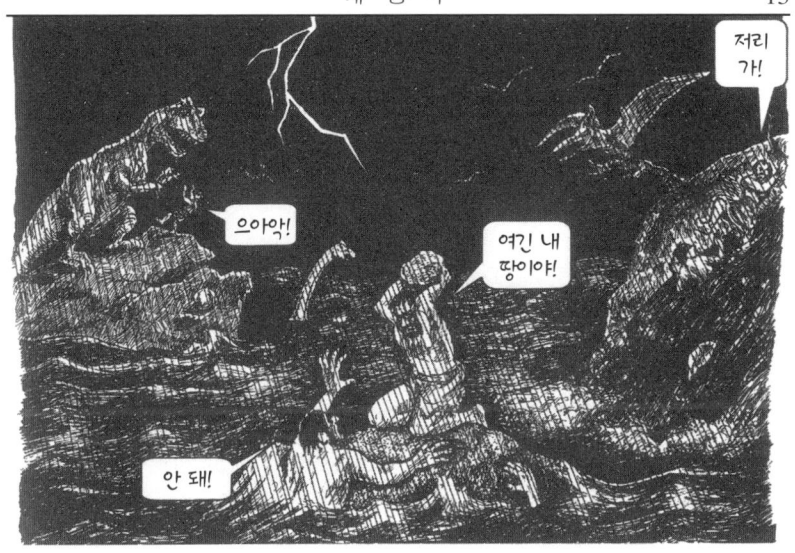

남아 있는 몇몇 짐승들과 인간들은 가장 높은 산들에서
살기 위해 싸웠지만 소용이 없었다.
땅에 있는 모든 이가 홍수로 멸망하고 만 것이다.

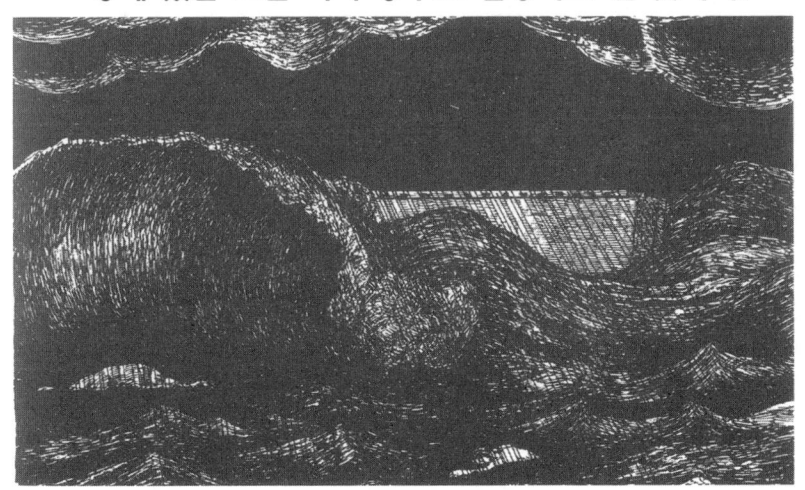

"오직 노아와 그와 함께 방주에 있던 자들만이
살아남았더라."[1] **그리고 큰 비는 계속되었다.**

---

[1] 창세기 7:23 참조.

짐승과 식물과 사람들은 거대한 소용돌이 속으로 빨려 들어가 바위와 진흙의 지층들에 퇴적되었다.

 그 뒤 믿기지 않을 만큼 무거운 물이 전체 대륙을 붕괴시켜서 오늘날 우리가 보는 대양들을 만든 것이다.

 지진들과 쓰나미들로 파헤쳐진 땅에는 계곡과 깊은 협곡들이 생겼고, 동시에 땅의 지각이 구부러져 큰 산들이 솟아났다. 세계의 표면이 완전히 다시 만들어진 것이다.

다산하고 번성하라

15

B.C. 2457

1년 뒤...

짐승들이 새롭게 변한 땅에 살기 위해 떠나자 그들을 보호해 주었던 방주는 버려졌다.

마침내 노아, 셈, 함, 야펫과 그들의 아내들 모두는 새로운 삶을 시작하기 위해 방주에서 나갔고, 하나님께서는 그들에게 복을 주셨다.

그리고 그들에게 명령하셨다.

다산하고 번성하여 땅을 다시 채우라.[1]

---

[1] 창세기 9:1 참조.

회복된 관계 - 그러나 오래가지 않았다

노아는 하나님께 모든 정결한 짐승들로 희생제를 드렸다. 그러자 하나님께서는 인류와 그분의 관계를 회복시키셨다.[1]

그러나 마귀는 이 행복한 가정을 파괴시키기만을 원했다.

갖은 방법을 다 써서라도 인간과 하나님의 관계를 파괴시켜야 해!

틀림없이 노아의 아들 중에는 믿음이 가장 허술한 자가 한 명 있을 거야. 그를 찾아내서 나를 섬기도록 만들고 말겠어!

그 후 마귀는 100년 동안 계획을 꾸몄는데...

---

[1] 창세기 8:20-22 참조.

아담은 같은 이야기들을 모든 후손들에게 문자 그대로 일러주었다. 그리고 각각의 아들에게는 하나님의 말씀을 전할 그의 차례가 돌아왔고, 이 일은 대홍수 이전 수 세기 동안 계속되었다.

그리고 마침내 라멕의 차례가 되었다.

[1] 당시 사람들의 나이에 관해서는 창세기 5장 참조.
[2] 창세기 3:15 참조.

18 노아에서 아브라함까지

그러나 함의 가족은 그다지 경건하지 않았다...

[1] 창세기 9:26-27 참조.
[2] 아브라함은 B.C. 2166년 즈음에 태어났지만, 노아는 B.C. 2108년까지 살았다. 이때 아브라함은 58세 였다! 창세기 9:28-29을 창세기 11:10-26에 등장하는 아브라함의 출생까지의 연수와 비교하라.

함의 자녀들

함의 가족은 그들 자신의 관심사들을 위해서만 살았다.

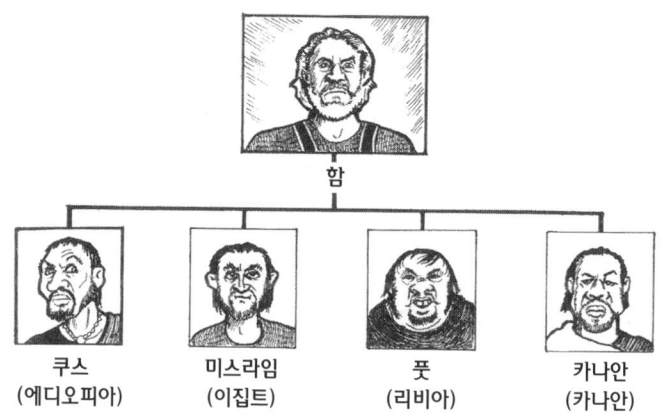

함은 그의 아버지 노아를 수치스럽게 하여 자신의 막내아들 카나안에게 저주를 가져왔다.[1] 그후 함의 큰아들 쿠스는 님롯이라는 아들을 낳는데 그의 이름은 "반역하자!"[2]라는 뜻이다. 그런 그가 어떤 아이였을 것 같은가?

사탄은 마침내 그가 일할 수 있는 가문을 찾아냈다! 곧이어 이 세 남자는 세상의 끝날까지 대혼란을 야기할 악의 왕조를 세우게 된 것이다.

이제 사탄의 관심은 쿠스에게로 향했다...

---

[1] 창세기 9:18-27 참조.
[2] Unger's Bible Handbook(1966), p.53과 Fausset's Bible Dictionary의 "Nimrod" 항목을 참조하여 보라.

그들이 멀리 여행하자 사탄은 행동하기 시작했다.

쿠스에게 있어 하나님은 사람들을 땅에 흩어지게 하는 나쁜 존재였다. 그래서 그는 반역하였고 시날 평원의 한 도성에 사람들을 모았다.

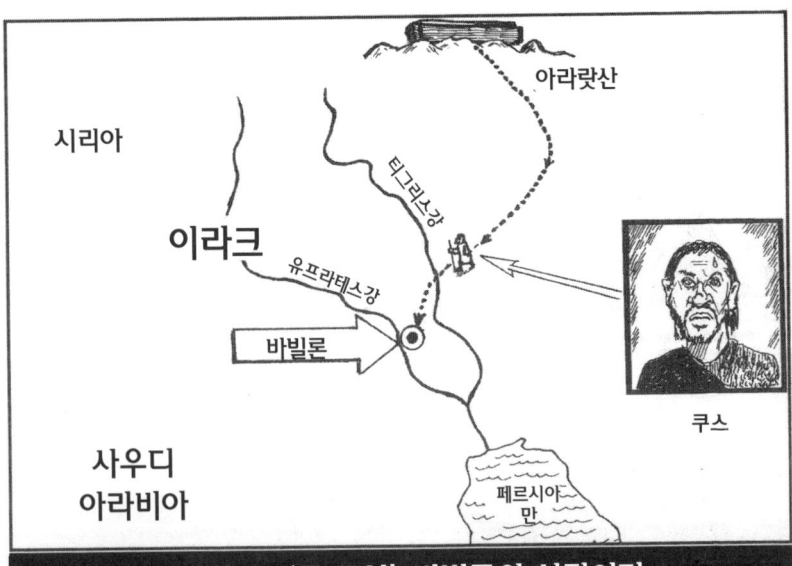

이것이 그 '큰 도성' 바빌론의 시작이다.
- 다음엔 그가 무엇을 건설했을 것 같은가?

주님께서는 인류가 마지막 단계에 가서는 한 종교로 연합하여 주님께 반역할 것을 아신다. 그리고 그때 주님의 심판이 닥칠 것이다.[2] 이 일은 미래의 세상 끝에 일어날 것이며 그 때는 아직 오지 않았다.

---

[1] 창세기11:4 참조.
[2] 이것은 요한계시록 13,17,18장에 따라서 미래에 일어날 일이다.

"배블"탑 (The Tower of Babble)

보다시피, 아직까지는 사람들이 자유롭게 의사소통했다...

이 땅의 모든 사람들은:
- 같은 것을 생각했다!
- 같은 것을 말했다!
- 같은 것을 기록했다![1]

그리고 탑을 세우는 것 역시 매우 쉬웠다.

어느 시점까지는 땅 위의 모든 이가 다른 모든 이를 이해할 수 있었다. 그러나 그 후 일이 벌어졌다...

---

[1] 창세기 11:1 참조.
[2] "우룩"은 예화의 목적으로 만든 허구적 인물일 뿐이다.

"배블"탑(The Tower of Babble)

말하자면 그 건축가들이 갑자기 다른 사람들의 말을 알아듣지 못한 것이다! 일꾼들은 당황했다.

온 바빌론에 혼돈이 발생했다!

그 모든 이의 말을 해석할 수 있다면, 그것은 다음과 같을지도 모른다.

---

[1] 님롯의 또 다른 이름

하나님은 그것을 문자 그대로 "바벨"탑("웅얼거림"탑)이 되게 하셨다!

하나님은 아담과 한 언어로 말씀하셨고, 아담은 그의 많은 자손들에게 동일한 언어로 말했다.

대홍수 이후의 사람들 역시 그 언어로 말했다. 그 뒤 하나님께서는 도성과 탑을 세운 자들의 언어를 혼란케 하셨는데... 그러나 성읍도 탑도 세우지 않은 셈의 신실한 추종자들에 관해서는 아무 말씀이 없으셨다![1] 만일 (아브라함과 같은) 셈의 자손들이 여전히 아담의 언어를 말했다면, 아브라함의 언어는 히브리어였을 것이다...

그렇다면 아담의 언어 역시도 히브리어였을 것이다!

이제 하나님께서는 다른 언어들을 사용하셔서 사람들을 온 땅에 흩으셨단다. 그들이 마침내 세상을 다시 연합시키는 데에는 수천 년이 걸리겠지.

그래서 하나님께서는 그분의 약속들을 성취하시는 데 필요한 시간을 갖게 되신 거야.[2] 이제 그분은 역사를 관통해서 너와 나 같은 수많은 사람들을 더 구원하실 계획이셨단다!

그리고 이 바벨론인들은 무서워서 절망에 빠졌단다. 그래서 그들의 말을 이해할 수 있는 누군가를 찾아 사방을 두리번거렸지.

그들은 다시 "한 나라"가 되기를 원한 것이다!

[1] 창세기 11:1-9을 주의 깊게 읽어 보라. 도성과 탑을 세운 자들만 나열되어 있다.
[2] "...오직 우리에 대하여 오래 참으사 아무도 멸망하지 않고 다 회개에 이르게 하려 하심이라" (벧후 3:9).

그들은 단일 세계 종교를 거의 이룩했었다.

그러자 하나님께서 그것을 막으셨다. 아무 예고도 없이!
하지만 서서히, 조심스럽게, 사람들은 서로 말을
이해할 수 있는 자들끼리 무리 짓기 시작했다…

우선 그들은 가족 단위로 모였고

 곧이어서 작은 공동체를 형성했다.

마침내 그들은 갈수록 큰 도시들을 세워 나갔다.
그 모든 것 가운데 가장 큰 도시는 여전히 그 첫 번째 도성인 바빌론이었다.

그래서 그들은 다른 도시들을 세우러 가기 전에
바빌론으로 모여들었다. 새롭게 무리지어서 그 도성을
떠나는 것이 좋겠다고 생각한 것이다.

**하지만 어떤 이들은 그들 모두를 다스릴
한 사람을 선출하는 것을 더 좋은 생각으로 여겼는데…**

그 제안을 한 것은 아마도 쿠스였을 것이다. 그러나 사람들은 약속이나 한듯이 "주 앞에서 힘센 사냥꾼"[1]으로 알려진, 쿠스의 아들 님롯을 떠올렸다. 그는 크고 강한 사람이었다.

님롯은 이미 그들의 위대한 수호자가 되어 있었던 것이다!

야생 짐승들은 대홍수 이후 모든 지역에 퍼져 살면서 사람들에게 공포감을 주었다. 그러나 힘센 님롯이 두려워하지 않고 사자들로부터 그들을 지켜준 것이다.[2]

그는 그의 용맹스런 위업으로 그들의 챔피언이 되었고, 자신의 명성을 이용해서 대중을 이끌고 정복했다. 비록 사람들은 *더 이상 공통된 언어가 없었지만*, **강력한 지도자**를 등에 업었기에 그들을 규합하는 일이 가능해졌다.

님롯은 과연 그런 지도자가 될 수 있었을까?

---

[1] 창세기 10:9 참조.

[2] Halley's Bible Handbook, 24th Ed. (1965), p.82와 25th Ed. (2000), p.100 참조.
또한 the International Standard Bible Encyclopedia (ISBE, 1939), Vol. 1, p.2147과 Fausset's Bible Dictionary의 "Nimrod" (Swordsearcher software에서 구입 가능) 항목 참조. Alexander Hislop의 The Two Babylons (1858), pp.50-51도 참조하라.

그들 모두를 다스릴 한 왕

지지자들이 앞다퉈 모여들었고, 님롯이 그들의 지도자가 되어야 한다는 의견에 많은 이들이 동의했다. 결국 그들은 그들의 고향을 떠나 그들이 사랑하는 바빌론의 보호 아래로 들어간 것이다.

그러나 그것은 그들이 곧 후회할 결정이었다!

온 우주의 하나님은 아이들의 유령 이야기가 되어 버렸다! 그러나 그것이 다가 아니다. 님롯은 세상을 또 멸망시켜 보라며 실제로 하나님께 도전장을 던진 것이다!

---

[1] YHWH(여호와)가 전와(轉訛)된 형태. David Livingston의 "Who Was Nimrod?" (2003) 참조. http://www.ancientdays.net/nimrod.htm에서 찾을 수 있음.
[2] 요세푸스(Josephus)의 "Antiquities of the Jews" (1st century AD), Book 1, Chapter 4를 보라.
[3] The Epic of Gilgamesh (Old Babylonian Version), Tablet III과 창세기 10:8을 비교하라.
[4] 길가메시(Gilgamesh)는 님롯의 다양한 이름 중 하나이다. 제3장에 가면 더 많이 등장한다.

님롯의 본색

그리고 그는 여행을 떠났다. 즉 그렇게 해서 사람들로 그를 그렇게 믿도록 만든 것이다. 고대의 '길가메시 서사시'는 님롯이 후와와의 백향목 숲을 찾아 산들을 넘어 다니며 긴 여행을 했다고 기록한다(이 거짓말에 따르면 후와와는 "백향목 숲"에 살았다). 결국 님롯은 "후와와"를 손에 들고서 돌아왔다. (글쎄, 어떤 면에선 그렇다!)

이것은 사람들이 필요로 했던 구실에 불과했다. "후와와"의 죽음을 구실삼아, 바빌론 동쪽 백향목 숲을 완전히 베어 내어 님롯[2]을 위한 신전들을 지었던 것이다. 그는 그의 백성에게 영웅이었고, 그는 그 점을 이용했다.

그리고 님롯은 본색을 드러내기 시작했는데...

[1] 그들은 후에 짐승 내장으로 똑같이 "후와와의 얼굴들"을 만들어 점을 치기 위한 안내자로 사용했다! (심지어 그것들 뒤통수에 점괘를 적어 놓기까지 했다.) 부록 A를 보라.
[2] B.C. 1000년 즈음, 그들은 바빌론 동쪽 자그로스(Zagros) 산지의 백향목 숲을 완전히 제거했다. 그리하여 길가메시(님롯)가 백향목 숲을 찾아 (그리고 후와와와 싸우려고!) 동쪽 대신 서쪽으로 레바논의 백향목들로 갔다는 식으로 신화들이 다시 기록되었다

님롯의 본색

님롯은 (잠시 동안) 사람들이 원하는 대로 하게 했다.

이때쯤 바빌론인들은 님롯이 매우 좋은 사람이라고 생각했다. 그는 하나님을 제거했고(그들은 그렇게 생각했다), 또 온 도성에서 광란의 삶을 허락했기 때문이다. 그는 그들을 야생 짐승들로부터 보호했고, 심지어 백성들을 하나의 국가 도성안으로 재규합했던 것이다. 그러나 그들은 이제 곧 한 가지 중요한 교훈을 깨닫게 될 참이었다. 모든 죄에는 그 삯이 있다는 것을!

그들은 그들의 소위 "자유!"에 대가를 지불하게 될 것이다.

님롯의 본색

보다시피, 다른 어떤 이보다도 사악한 한 사람이 있었으니, 그건 바로 님롯이었다!

길가메시 서사시는 님롯이 젊은 여자들은 물론, 소년들도 그냥 내버려 두지 않았다고 기록한다.[1]

님롯은 존경스런 지도자에서 끔찍한 독재자로 한 걸음에 돌변했다. 사람들이 하나님을 두려워하다가 사람을 두려워하게 되면, 그들을 통제하기가 훨씬 쉬워지는 것이다.[2]

그러나 님롯은 그보다 훨씬 더 많은 것을 원했다...

[1] Gilgamesh Tablet I. Stephanie Dalley의 Myths from Mesopotamia (1989), p.52를 보라.
[2] Josephus의 Antiquities (1st century A.D.), Book 1, Chapter 4를 보라.

님롯은 자신이 신으로 여겨지기를 원한 것이다.

님롯의 형상은 도처에 전시되기 시작했다. 바빌론인들이 그를 그들의 지도자로 바라보면서 그의 권력은 커져만 갔다. 이것은 님롯이 기다려 온 그 순간이었다! 일단 바빌론을 정복하자, 님롯은 그의 군대를 다른 흩어진 무리들에게 보내어 그들의 성읍들도 정복했다.[1]

그때 님롯은 셈에 대한 증오를 드러냈다.

님롯은 셈과 전능하신 하나님의 모든 성도들을 증오해 왔기 때문에[2] 그의 비밀 경찰의 도움으로 그들을 박해하기 시작한 것이다.

아무도 안전하지 않았다.

[1] 창세기 10:10 참조. 그는 바벨과 에렉(우룩), 악캇, 칼네를 다스렸다.
[2] 역대기하 1:10에 관하여 예루살렘의 토라 탈굼(Jerusalem Targum)과 조나단 벤 우지엘의 선지서 탈굼(The Targum of Jonathan ben Uzziel) 참조. Adam Clarke's Commentary on the Bible (1810)의 창세기 10:8도 참조하라.

님롯의 본색   33

님롯은 대중을 통제하기 위해 종교를 이용했다.

님롯과 그의 아내 세미라미스는 인간 희생제물을 요구했고, 이 희생제물은 그와 그의 제사장들이 게걸스럽게 먹어치웠다.[1]

그의 사악함에는 끝이 있을까?

[1] Hislop의 The Two Babylons (1858), pp.231-232를 보라. 예레미야 19:5에서도 바알(탐무스)에게 바치는 비슷한 희생제물을 볼 수 있다.

셈의 의로운 복수

님롯은 사악한 종교를 만들어내어 사람들의 눈과 마음을 하나님으로부터 마귀에게로 돌려 놓았다.

셈은 님롯이 그의 죄로 인해 죽어야만 한다는 것을 알았다.

바빌론으로 온 셈은 의로운 분노가 치밀어서 님롯을 조각조각으로 베어버렸다.[1]

그리고 모든 이가 방심하다가 붙잡혔다! 제사장들은 숨어들었고, 님롯의 거짓 종교는 그 자리에서 멈춰 버렸다.

님롯의 악한 통치는 당분간이지만 완전히 즉각 중단되었다...

[1] Hislop의 The Two Babylons (1858), pp.63,64를 보라.

1장 요약

B.C. 2457

노아의 날들에 하나님께서 땅을 심판하시어 전 세계적으로 홍수를 보내셨다.

그후 하나님께서는 한 배에 탄 여덟 사람과 짐승들로 다시 시작하시어, 그들로 땅에 살게 하셨다.

100년 후 사람들은 하나님의 명령을 어기고 온 땅에 퍼져 살지 않았다. 이 반역적인 사람들은 한 비옥한 땅에 정착하여 사람들을 연합시킬 도성과 탑을 세웠다.

그리하여 하나님께서는 그들의 언어를 나누심으로써 그들이 갈라져 살 수밖에 없게 하셨다. 그때 님롯이 첫 번째 세계 지도자로 일어섰고, 사람들을 재규합하여 하나님을 대적해서 연합된 단일 세계 질서를 이루었다.

또한 님롯은 악한 독재자였다.

그리하여 노아의 의로운 아들 셈이 님롯을 살해했다. 그 뒤 바빌론의 사악한 거짓 종교가 끝이 났다... 아니, 그렇게 보였다.

실제로는 바빌론 종교가 이제 막 시작되고 있었다!

제2장
세미라미스를 향한 사탄의 계획

세미라미스의 종교

그러나 세미라미스에게는 큰 문제가 있었다. 그녀의 사회에 더 이상 지도자가 없었던 것이다! 백성에 대한 통제를 회복하기 위해 그들의 종교를 새롭게 할 필요가 있었기에 그녀는 그녀의 사제들과 만났다.

세미라미스는 그녀의 남편을 위해 관습대로 많은 날들을 애도했다. 그러나 곧 다른 남자들과 불결한 관계를 갖기 시작했고... 결국 '예기치 않은 일'이 벌어졌다!

---

[1] Hislop의 The Two Babylons (1858), p.62를 보라.

뜬소문은 들불처럼 번져갔다!

세미라미스의 임신 소문들에는 다양한 반응들이 섞여 들어갔다. 사람들은 그녀를 창녀로 보기도 하고, "동정녀 여왕"[1]으로 보기도 했다. 얼마 동안은 상황이 절망적인 듯했다.

그녀는 그것을 찾아냈다. 아담 이래로 아버지에게서 아들에게 계속 인용되었던, 성경의 바로 그 페이지들에서 찾아낸 것이다.

돌연 그녀의 아이는 "거룩하게" 보이게 된다...

[1] 이에 관한 상세한 정보를 위해 부록 A를 보라.

이브에 관한 하나님의 예언은 여전히 모든 이의 마음에 있었다. 대홍수 이후로 시간이 그다지 많이 지나지 않았기 때문이다.

그리하여 세미라미스는 일생의 사기극을 시작했다...
그녀의 아들이 새 종교의 중심이 될 예정이었던 것이다...

그렇다면 그녀를 줄곧 인도하고 있던 것이 누구였는지 맞춰 보라.

이것은 문자 그대로 그녀가 거절할 수 없는 제안이었다. 사람들의 눈에 그녀는 "새로운 이브"가 될 것이고, 그녀의 아이는 뱀의, (즉 사탄의) 머리를 부술 것이었다.[1]

그러나 아니나 다를까! 그녀는 정말로 사탄을 섬겼다! 그녀에게 마귀는 거의 무제한적인 권세를 제안했고, 그녀는 그것을 받아 쥐었다! 사탄이 조심스럽게 꾸며 낸 거짓말은 그녀를 임신한 창녀가 아닌 거룩한 어머니로 보이게 할 것이다.

그녀가 그것을 어떻게 이뤄냈는지 당신은 믿기지가 않을 것이다!

---

[1] Hislop의 The Two Babylons (1858), pp.58-60,75-77,244,277 & p.323 참조.

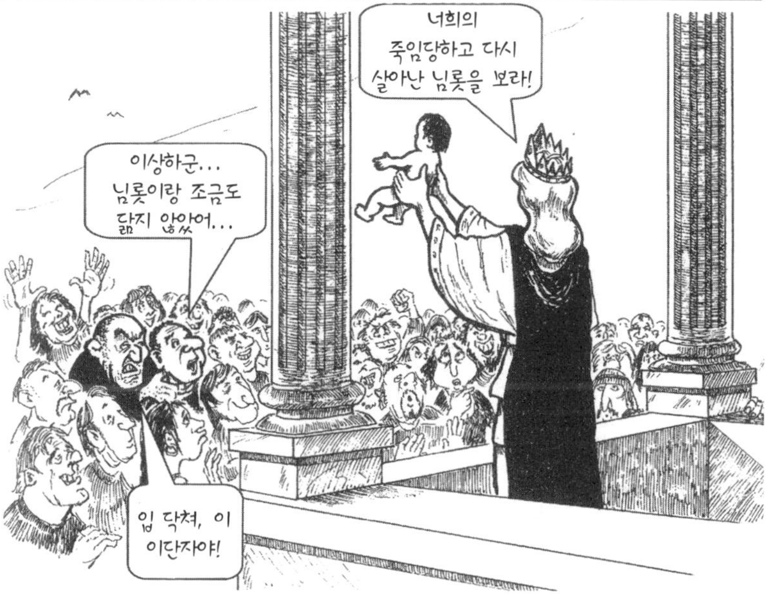

그러나 아기를 과시하고 다니는 것으로는 충분치 않았다. 세미라미스는 아무도 감히 "그 아기는 결코 님롯이 아니다."라고 말하지 못할 정도로 몹시도 놀라운 이야기를 만들어내야 했던 것이다.

그들은 님롯의 혼이 그의 죽은 몸에서 세미라미스의 자궁으로 "이동하였고," 그리하여 그 아기는 님롯이자 또한 신일 것이라는 거짓말을 해대기 시작했다!

그래서 다음 세대들에서는[1] 그들 종교의 중심이 세미라미스였지, 님롯이나 그녀의 아들이 아니었다.

그것은 오늘날도 여전히 사실이다!

[1] 그녀의 증손자 아리옥 또는 아리우스의 날들. The Two Babylons, pp.69-70 참조.

백성을 보호하는 성벽인가, 가두는 성벽인가?

세미라미스와 그녀의 아기 님롯(또는 "신실한 아들"이라는 뜻의 "탐무스"[1])은 그녀의 남편 님롯이 과시했던 힘에 도저히 미치지 못했다. 그들은 백성을 야생 짐승들로부터 보호하지 못함은 물론, 심지어 경쟁 성읍들로부터도 보호하지 못했던 것이다! 따라서 세미라미스는 바빌론인들을 통제할 또 다른 방법이 필요했다. 이 일을 할 유일한 방법은 바빌론 주변에 탑들과 성벽들을 건설해서 그들을 가두는 것이었다.[2]

이제 그녀와 ("님롯"이 환생한 것으로 짐작되는) 그녀의 아기는 백성을 더 완전하게 다스릴 수 있었다. 그러나 마귀와 세미라미스는 그것으로 충분치 않았다. 그녀는 백성들의 생각까지 통제하기를 원했던 것이다.

그래서 세미라미스는 바빌론 전역에 그녀의 눈과 귀가 되어 줄 누군가가 필요했다.

[1] 탐무스는 두무지[Dumuzi, 또는 두무지드(Dumuzid)]의 또 다른 철자법이며, 뜻은 "신실한 아들"이다. Stephanie Dalley의 Myths from Mesopotamia (2000), p.320와 Geoffrey Parrinder의 A Dictionary of Non-Christian Religions (1971), p.273 참조.

[2] Hislop의 The Two Babylons (1858), pp.30,31 참조.

불경한 제사장직

그리하여 여왕 세미라미스는 그녀만의 제사장직을 고안해냈다![1]

그 뒤 세미라미스는 어떤 의식적인 행사를 통해서 백성들을 남몰래 통제할 비열한 수단을 얻게 되는데...

---

[1] Hislop의 The Two Babylons (1858), pp.219-224를 보라.

고해성사

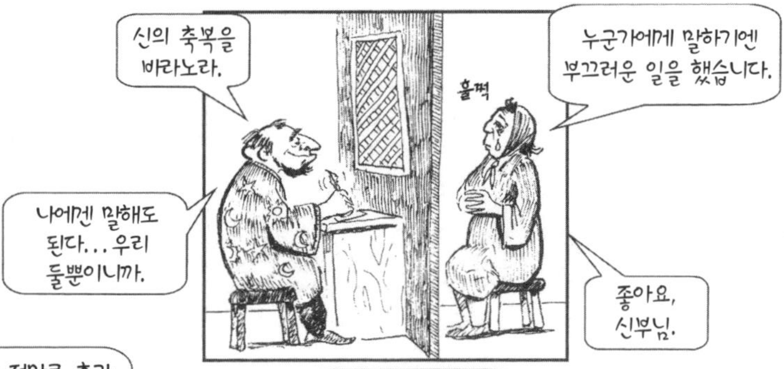

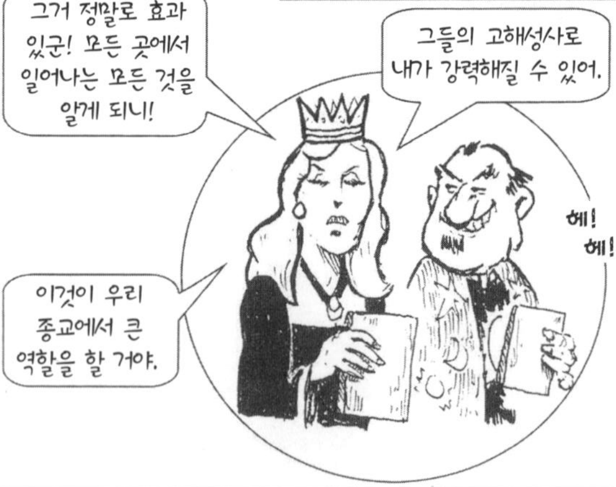

"신비들"로의 입문

우룩이[1] "신비의 바빌론"으로 입문하는 것을 지켜보라...

---

[1] 주의: "우룩"은 허구적 인물이다.
[2] 정신을 몽롱하게 하여 쉽게 속아 넘어가게 함. The Two Babylons, pp.4-5를 보라.

"신비들"로의 입문

금박 거울은 햇빛을 반사할 준비가 되어 있다. 그때...

햇빛은 구멍을 통해 번쩍여서 그 방을 비춰 준다.

사람들은 "님롯"을 구멍 앞으로 위치시켰다...

그리고 돌연 어두운 방은 거대한 카메라와 같이 된다!

마법처럼, 똑바로 세워진 님롯 우상의 이미지가 벽에 영사된다. 아주 오래된 속임수[1]지만, 효과가 있다!

우룩은 이제 바빌론 이교를 모든 가능한 방법으로 섬기도록 내몰렸다.

사탄은 하나님께 대한 믿음을 종교와 은밀한 요술로 대체했다.
그리고 그는 이제 탐무스를 신으로 만들어야 했다.

[1] The Two Babylons, pp.67-68을 보면 이 속임수에 대한 고대 목격자의 증언을 읽을 수 있다.

탐무스는 매우 혼란스러운 세상에 태어났다. 그의 어머니의 (셈에게 죽임당한) 남편은 친부가 아니었다. 님롯은 이미 마르둑(Marduk)과 길가메시[1](Gilgamesh) 같은 많은 다른 이름들로 알려져 있었다. 그리고 탐무스(님롯이 환생한 것으로 말해지는 세미라미스의 아들)는 세미라미스의 아들이자 남편으로 여겨졌다! 완전히 엉망진창이었던 것이다!

[1] 하나님께서 언어를 혼잡케 하셨기 때문에, 이 이상한 가족 구성원들은 훨씬 많은 이름이 있었다. (3장 참조.) 마르둑은 님롯의 다른 철자법일 뿐이다. 히브리어에서 어근 MRD("반역하다")는 앞에 N을 첨가한다. 그러나 바빌론어에서는 끝에 K를 첨가했다. 그래서 N+MRD가 MRD+K가 되었다.

[2] 이난나는 (바빌론 남쪽) 수메르 사람들이 사용한 세미라미스의 이름이다.

[3] 바알은 히브리어와 기타 셈족 언어들에서 "주" 또는 "주인"을 뜻한다.

[4] p.43 참조.

백성에 관한 일들을 바로잡기 위해서, 탐무스는 그의 어머니와 결혼해야 했을 것이다. 상상이 가는가?

어떤 생각이 세미라미스의 마음 한 구석을 강하게 끌어당겼다.
즉 탐무스는 자라고 있었고, 곧 왕으로 통치할 것이다!
그러나 지금 여왕은 "절대 권력"에 무엇인가를 알고 있었다.

세미라미스는 그것을 자신이 누리기를 원했던 것이다!

[1] 이 저작들의 목록을 찾을 수 있는 곳이 부록 A에 기록되어 있다.
[2] 그녀의 고대 이름들에는 이난나, 이슈타르, 아스타르테, 아스토렛 같은 것이 있다. 3장에는 훨씬 더 많은 이름이 등장한다.
[3] 종종 저작들은 "아내"나 "남편" 대신 왕실 용어인 "배우자"(consort)를 사용한다.

탐무스는 어떻게 "신"이 되었는가?

앗시리아를 향하여!

"앗수르"로서, 탐무스는 북쪽으로 여행하며 니느웨[1]를 포함한 네 개의 성읍을 세웠다. 세미라미스는 그의 "배우자," 즉 "국왕의 아내들" 중 하나로 가장하여 그에게 협력했다.

그러나 현실적으로는 그녀가 모든 것을 좌지우지했다!

탐무스는 그것을 알지 못했다. 그러나... "엄마"는 이제 곧 국가도 통치하려고 했다!

고대의 신화들이[2] 공통적으로 전하는 바로는, 영들이 이난나(세미라미스)를 지옥으로 끌어내리기 위해 그녀에게 찾아왔다고 한다...

그녀는 탐무스가 있는 곳을 그들에게 알려주기를 거부했다. 그러던 어느 날...

---

[1] 창세기 10:11-12 참조. 앗수르의 정체가 3장에 더 많이 등장한다.

[2] 고대의 설형문자(쐐기형 문자)판인 "두무지드 & 젝틴-아나"와 "두무지드 & 그의 누이들," "지하세계로 내려간 이난나"를 비교하라(부록 A를 보라).

세미라미스는 갑자기 뛰어들어 그녀의 남편/아들을 방해했다.

이것은 이난나에게 너무나 과한 일이었다! 그녀는 자신이 영원히 살지 못할 것을 알았던 것이다. 그러나 그녀는 왕국을 함께 다스리고 싶어서 죽을 지경이었다.

그러나 고대 신화들에 따르면, 그녀가 한 다음 일은 바로 그녀의 남편이자 아들인 탐무스를 배반하여 마귀들에게 파는 것이었다! 그들은 그를 지옥으로 끌고 내려가 잔인하게 고문했다. 그는 "신들"에게 간청하여 잠시 도망쳐 나왔지만 다시 붙잡히고 말았다.

자, 이제 "왕이 되려 했던 소년"에게 정말로 일어난 일이 무엇인지 보도록 하자.

바야흐로 탐무스를 끝장낼 때가 이르렀다!

실제로 세미라미스는 보좌에 있는 아들을 발견했을 때 자신이 신속하게 행동하지 않으면 죽은 남편 님롯에게서 얻은 권력을 잃게 될 것임을 알았다. 그리고 많은 이야기들은 그녀가 그것을 어떻게 처리했는지에 관해 한 가지 충격적인 증언을 담고 있다...[1]

아마도 그해 겨울, 그는 야생 멧돼지에게 죽임을 당했을 것이다.

인간 탐무스는 이렇게 죽었지만...

---

[1] 추가 정보를 위해 부록 A를 보라.

탐무스는 어떻게 "신"이 되었는가?

세미라미스는 탐무스의 죽음에 대한 비난을 모면했다. 그러면 누구 탓으로 돌아갔을까? 그렇다. 그 멧돼지였다!

그후, 봄의 첫째 날, 세미라미스는 선언했다.

...사람들은 그녀의 말을 믿었다! 이제 그녀는 그녀의 아들(과 남편)인 탐무스(또는 바알)가 그녀가 원하는 어떤 모습으로도 만들어질 수 있음을 깨달았다. 탐무스는 그리 눈에 띄는 인물이 아니었기에, 따라서...

세미라미스는 그의 새로운 이미지를 만들었다!

---

[1] Hislop의 The Two Babylons (1858), pp.99,100 참조.

이제 탐무스는 그만의 "최후의 변신"을 할 때가 되었다!!

이래가지고는 바알의 내적 아름다움을 보여 줄 수가 없소. 여태껏 보지 못한 가장 멋진 남자로 고쳐 만드시오.

예? 그를요? 알겠습니다, 여왕 폐하. 하지만 저에게... 예술의 자유를 좀 더 주셔야 합니다...

그들이 작업을 마쳤을 즈음, 탐무스는 마침내 완전히 딴 사람이 되어 있었다.

이랬던 그가... 이렇게 된 것이다.

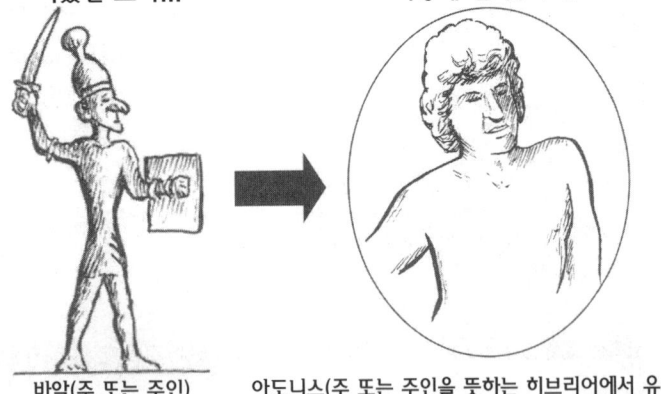

바알(주 또는 주인)   아도니스(주 또는 주인을 뜻하는 히브리어에서 유래)

이제 탐무스는 단순한 신을 넘어서 아름다운 존재가 되었다. 사탄은 바빌론 종교를 다른 나라에 전파할 준비가 거의 된 것이다.

세미라미스의 죽음

그런데 몇 가지의 변화가 더 기다리고 있었다. 세미라미스는 그녀가 죽어도 그녀의 "제사장단"이 살아남도록 자신의 권력을 이용하여 마지막 조정을 감행한 것이다.

그 모든 새 제사장들과 여제사장들, 창녀들, 독신자들이 더해지자, 여왕은 알려진 모든 세계에 훨씬 더 많은 신전들을 세울 수 있었다.

이 세미라미스는 최후까지 음모의 달인이었다.

---

[1] 이슈타르는 세미라미스의 또 다른 이름이었다. 추가 정보를 위해 부록 A를 보라.

[2] 이슈타르(또는 이난나)의 신전은 "경배"의 형식으로 매춘을 벌였다. 더 자세한 내용은 부록 A를 보도록 하라.

[3] 독신자(celibate)는 결혼이 금지된 사람이다.

고대의 이야기들은 세미라미스가 세상에서 가장 아름다운 여인이었다고 전한다. 아래에 인용된 글은 그 역사적 증거를 아름답게 묘사하는 듯하다:

그녀의 아름다움은 의심의 여지가 없었다... 그녀의 몸매는 비할 데 없이 완벽한 균형을 이루었고, 그래서 안장에서든 보좌에서든 그녀의 모든 자태는 여성스러웠고 위엄이 있었으며 우아했다. 한편 그녀는 어떤 옷을 입어도... 가장 매력적으로 보였다... 그녀는 남성의 정신력과 의지력보다 더 강한 힘을 소유했다.

기민한 관찰자라면 그 빛나는 두 눈에서... 그 사랑스런 눈빛에도 불구하고... 군대를 호령하고 제국을 건설할 수 있는 천재성을 발견했을 것이다... 윤곽이 뚜렷한 턱과 틀에 넣어 만든 듯 아름답게 돌출된 아래턱에서는 때때로 꽉 다문 그것이 앞뒤 헤아리지 않고 무자비한 잔인함을 발산할 수 있는 냉혹함을 발견했을 것이다...[1]

[1] 작가 G.J. Whyte-Melville이 근대 고고학 초창기에 세미라미스에 관해서 쓴 소설 Sarchedon: A Legend of the Great Queen (1871), p.28 참조.

2장 요약

님롯이 죽은 후, 세미라미스는 애도했지만, 또한 위험에 빠져 있었다. 그래서 그녀는 재빨리 자신의 바빌론 종교를 비밀리에 택했다.

그러나 그녀는 또한 임신하게 되었다! 따라서 사탄은 그녀의 아기가 정말로 환생한 님롯이라고 주장할 방법을 고안하도록 그녀를 도왔다. 놀랍게도, 사람들은 그것을 믿었다.

모든 이가 그녀의 아이는 사탄을 패배시키고, "뱀의 머리를 부술"(창 3:15) 이브의 약속된 "씨"라고 믿었다.

세미라미스는 탐무스를 이용했다. 그녀는 보좌 뒤의 실제적인 권력가였으며, 탐무스는 기껏해야 "꼭두각시" 왕이었다.

세미라미스가 그녀의 아들과 결혼했다는 것을 기억하라! 이것은 그녀가 자신의 아들을 너무 과하게 사랑한 것처럼 들린다. 그러나 고대의 저작들에 따르면, 그녀는 탐무스보다 권력을 훨씬 더 사랑했다. 어느 날 "그녀의" 보좌에 앉아 있는 그를 발견했을 때, 그녀는 자신이 직접 그를 제거해야겠다고 결심했다.

그래서 그녀는 자신의 더러운 일을 야생 멧돼지에게 위임했고, 아들의 형상을 깡마르고 나약한 "바알"에서 아도니스, 즉 "미스터 미남"으로 고쳐 만들었다!

그러나 셋 모두 죽자, 사탄은 "이난나"와 님롯과 바알... 등을 다시 만들어냈다.

자, 이제 그들이 무엇으로 다시 만들어졌는지 알아보도록 하자!

제3장

사탄은 자만으로 몹시 가득 찼다.

사탄은 사람들을 모아서 하나님을 대적하게 할 최초의 세계 종교를 만들어냈다. 그는 마치 영화감독과 같았다. 그에게는 그가 원하는 방향으로 만들 수 있는 5명의 등장인물이 있었는데, 그들에 관한 다음의 요점을 주목하라.

1. 쿠스 - 바빌론(최초의 큰 성읍)의 설립자, 언어의 혼란과 관련된 바벨탑 건설자
2. 님롯 - 힘센 사냥꾼, 대홍수 이후의 첫 번째 통치자, 심히 불경건하고 비도덕적임, 경건한 셈에 의해 살해됨
3. 셈 - 경건한 사람, 하나님의 말씀의 수호자, 마귀의 대적, 님롯을 난도질하여 조각내어 버린 사람
4. 세미라미스 - 최초의 여왕, 님롯의 아내, 신비 종교와 기타 이교들을 시작함, 불법적인 아들 탐무스를 낳음, 그와 결혼함, 그를 죽이고 유일한 통치자가 됨
5. 탐무스 - 세미라미스의 아들이자 남편, 어머니와 함께 통치함, 앗시리아를 건설함, 멧돼지에게 죽임당함

...그리고 사탄에게는 그의 거짓말을 기꺼이 전파할 준비된 수천 명의 사람들이 있었다!

또한 사탄은 두 가지 매우 중요한 비밀들을 알고 있었다.

1. 하나님의 말씀을 버린 사람들은 어떤 것에든 속게 마련이다!

로마서 1:25은 "그들이 하나님의 진리를 거짓말로 바꾸어 피조물을 창조주보다 더 경배하고 섬겼음이라"고 말씀한다.

그러나 하나님의 말씀은 하나님의 진리와 마귀의 거짓말을 구별할 수 있는 유일한 길이죠!

그토록 많은 종교가 있다는 것은 놀랄 일이 아니에요!

처음에 그 제사장들은 그들이 가르친 "신비들"을 기록할 필요가 없었다. 왜 해야 하는가? 어차피 처음부터 계속 거짓을 꾸며내고 있었는데! 그리하여 역사적 사실이 전설과 신화로 퇴화되어 간 것이다.

역사적 사건은 **설화**의 형태 안에서
다른 사건들과 얽히게 된다.
그런가 하면 어떤 설화들은, 사건들이 일어난 후
곧바로 기록되지 않아 과장되어
전설이 된다.
이 때문에 사건의 인물들은 실제보다 훌륭하고 중요하게 보이게 된다.
이 일이 계속되면, 전설은 풍선처럼 부풀려져
신화가 되는 것이다.
실제 인물들은 돌연 "신들"로 변하여 경배를 받는데,
그것은 돈이나 풍성한 수확과 같은 이기적인 이유들 때문이다.

사탄은 인간들에 관한 또 하나의 흥미로운 사실에 주목했다...

---

[1] 퇴화(de-evolution)는 진화(evolution)의 반대어이다. 상황은 개선되지 않고 악화되며 무질서하게 된다. 이것은 "열역학 제3법칙" 또는 "엔트로피(entropy)" 라 불리기도 한다.

2. 사람들은 쉽게 지루해진다!

모든 것들, 심지어 거짓 신들의 경배와 불결한 이교도 예식과 비밀 신전 의식과 같은 모든 것들이 결국은 구식이 되었다. 사람들은 새로운 자극과 새로운 전율과 새로운 신비들... 심지어 "신성"에 이르는 새로운 길들을 구했다. 또 그것을 얻기 위해서라면 기꺼이 값을 지불하려 했다!

진부한 상업적 경쟁은 바로 **그렇게 해서 자연스럽게** 시작된 것이다.

그래서 모든 이들이 경배에서 당신의 돈을 원하는 것이다...

고고학자들은 메소포타미아 전역에 신전들이 줄줄이 흩어져 있는 것을 발견했다. 언어학자들이 신전들 안의 문서들을 검토했을 때, 님롯과 세미라미스와 탐무스 이야기들이 서로 간에 각각 조금씩 달랐다. 왜일까? 각각의 신전은 값을 지불할 고객들을 끌어들이기 위해 뭔가 다른 것을 제시해야 했기 때문이다. 그것은 오늘날도 마찬가지이다!

달력에 의한 바빌론 종교 전파

많은 사람들이 (다른 이들 사이에서는 "이슈타르"라는 이름을 사용하는) 세미라미스를 봄의 첫날, 즉 3월 20일이나 21일에 기념했다. "이슈타르의 날"(즉 3월 20일)로부터 평균 임신 기간(40주)을 계산한다면 탐무스(태양 신)의 생일로[1] 기념되는 12월 25일에 이르게 되는 것이다!

이것이 우연의 일치일까? 천만에!

하지만 마귀의 계획은 단지 시작에 불과했다...

[1] 어떤 이들은 12월 25일이 태양 신의 생일이 아니라고 말한다. 진실을 알고 싶다면 부록 A를 보라.

잠시 후, 사탄은 달력 전체를 탐무스의 탄생, 죽음, 부활과 세미라미스의 탄생, 지옥으로 내려감과 지옥에서 올라옴, 그리고 수많은 다른 이름들이[1] 붙여진 여러가지 복합적인 사건들을 위한 의식들로 채웠다. 심지어는 탐무스가 죽은 날짜조차도 계절, 날씨 또는 여러 다른 성읍들의 지역적 전통들과 들어맞게 하려고 바꾸었다.

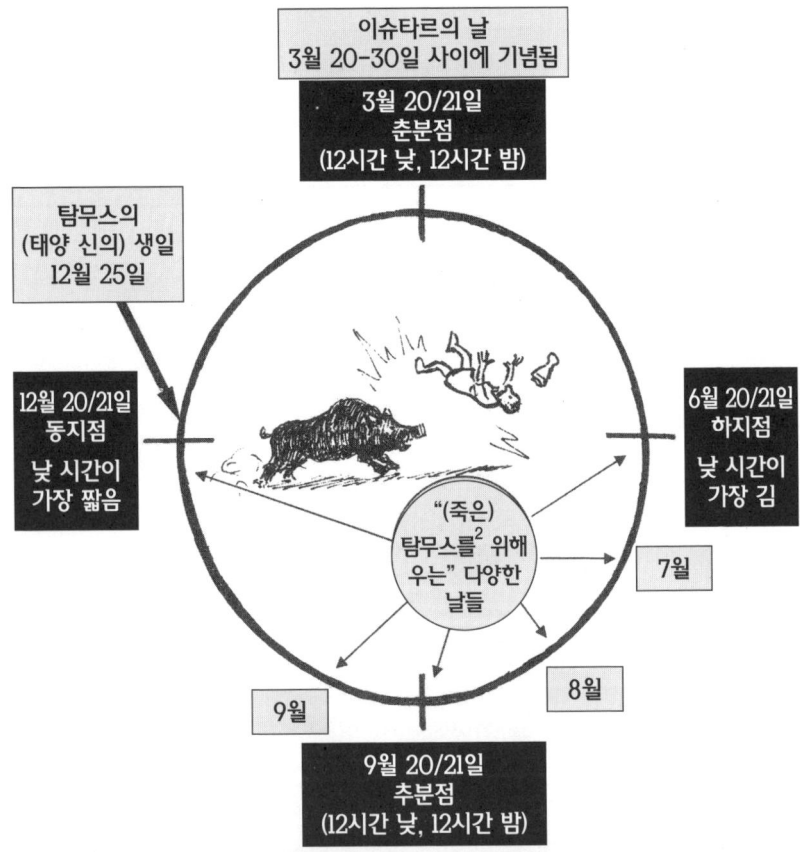

동일한 "신들"에게 부여한 많은 다른 이름들은 이교도 달력을 훨씬 더 혼란스럽게 만들었다...

---

[1] 이교도 달력에 관한 추가 정보를 위해 부록 A를 보라.

[2] 이 날들은 음란한 술잔치와 온갖 종류의 방탕이 동반되었다. 그는 (봄에 "되살아난" 때를 제외하고는) 통상 그가 죽은 후 며칠 뒤에 "부활했다."

많은 이름을 가진 동일한 "신"

기억하라: 하나님께서는 바벨에서 언어를 나누셨다. 그래서 같은 것을 말하는 수많은 다른 단어들이 있게 된 것이다! 따라서 동일한 사람에게 많은 이름이 있었다는 것은 조금도 놀랍지 않다.

---

[1] 역사적 언어학자들은 조어군(祖語群; groups of parent language)을 만든다. 하나(셈족어)를 빼고 나머지 모두를 취하면 하나님께서 바벨탑에서 나누신 언어들의 수를 알게 된다.

사탄은 이집트를 통해서 "신들"을 전파하기로 결심했다.

**바빌론 종교는 서쪽으로 움직였고, 그후 남쪽 이집트,
즉 거물급 제사장들과 박식한 척하는 자들의 땅으로 내려갔다.
그들은 아무것도 마음에 들지 않았다.**

하나님을 증오하는 이 제사장적 "지식인들"은 바빌론에서 일어났던 일에 관한 이야기를 바꾸었다. 그들은 "일반 서민"을 위해서 역사를 개작했는데...[1]

알다시피 할리우드처럼 개작했다!

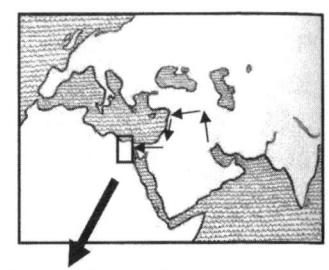

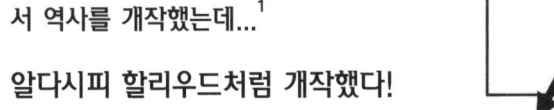

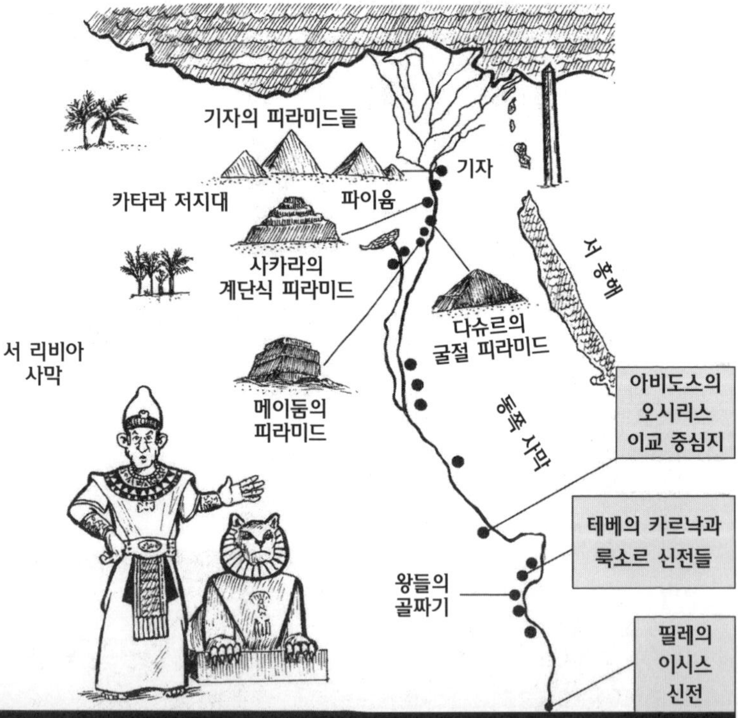

이집트인들이 마치 영화의 배역을 정하고 있는 것처럼 상상해 보라...

[1] 이집트가 어떻게 고대의 이야기들과 신화를 고쳐 썼는지에 관한 추가 정보를 위해 부록 A를 보라.
이 지도를 위한 정보의 출처는 Gahlin의 Egyptian Religion (2002), p.60이다.

아담과 이브는 에덴의 동산을 떠난 후
두 아들, 즉 카인과 아벨을 낳았다.[1]
카인은 경건한 아벨에 대한 시기와 분노로
그를 살해했다.

아벨의 죽음으로 즉시 경건한 계보가 끊어졌다. 그러나 하나님께서는 자비를 보이셨고, 아담과 이브에게 또 다른 아들 셋(Seth)을 주셨다.

물론 아담과 이브는 셋 이후로 많은 아들과 딸을 낳았고, 그들은 자라서 결혼하여 가족을 이루었다. 그러나 오직 셋만이 언급된다. 성경은 셋이 자라서 에노스라는 아들을 낳았다고 말씀한다. "...그 때부터 사람들이 주의 이름을 부르기 시작하더라."[2] 따라서 아벨 대신에...

이제는 셋이 경건한 계보의 머리였다.

몇 세대가 지난 후 노아가 태어났다. 그리하여 경건한 계보는 전 세계적인 홍수에서 살아남았다. 그 뒤 셋의 계보에서 예수님이 나오셨고, 또한 여러분과 내가 나온 것이다!

그러면 그들이 셈[3]을 나쁜 사람으로 바꿀 때 그를 뭐라고 이름 지었을까? 그것은 셋[4]이었던 것이다!!

---

[1] 창세기 4:1-12 참조.
[2] 창세기 4:25,26; 5:1-11 참조.
[3] Two Babylons, p.65를 보라.
[4] "셋(Set)"과 "수테크(Sutekh)"로도 알려져 있다.

고대 세계의 할리우드

"개정"은 쉬지 않고 계속되었다...

자 이제 "배우들"을 고를 시간이 되었다...

[1] 그 제사장들은 이시스, 오시리스, 또 신들인 (지금은 겝이라고도 불리는) 셈과 늣의 "자녀들"인 네프티스를 만들었다. 호루스는 이시스와 (죽은) 오시리스에게서 나왔다. Littleton의 Mythology: The Illustrated Anthology of World Myth and Storytelling (2002), pp.12,37&50-53 참조.

[2] "아멘"은 셈의 언어인 히브리어로 "진실" 또는 "그렇게 되게 하소서."를 뜻한다.

고대 세계의 할리우드

어떤 배역도 알맞은 등장인물 없이는 완전할 수 없다.

아스토렛
(세미라미스)

바알
(탐무스)

엘[1]
(님롯)

이들은 누구지? 그리고 어디서 온 거야?

이들은 카나안판 신들입니다.

안 돼, 안 돼, 안 돼! 이들은 이집트에선 결코 효력이 없어. 님롯은 너무 말랐고, 저 여자는 너무 뚱뚱하고, 바알은... 잠깐만.

바알과는 일할 수도 있겠군....그의 모자가 맘에 들어. 저걸 오시리스와 호루스에게도 씌워라.

당신은 천재이십니다, 보스.

그 뒤...	님롯이 변하여	세미라미스가 변하여	탐무스가 변하여	경건한 셈이 변하여
당신은 천재이십니다, 보스. *이전보다 더 나아졌군요!*	 오시리스 (착한 녀석)[2]	 이시스 (어머니 신)[3]	 호루스 (태양 신)[4]	 셋[5] - 님롯처럼 잔인하고 악한 폭풍과 혼돈의 신 (지하세계의 신)

마침내 그들의 "첫 공연"의 밤이 찾아왔다...

---

[1] p.81와 p.78의 각주를 보라.
[2] p.79를 보라.
[3] pp.92,93 참조.
[4] pp.89,212를 보라.
[5] pp.79,85를 보라.

이집트는 주로 사막 국가였지만, 굉장한 화려함과 종교의식의 땅이기도 했다. B.C. 2300년 즈음 그들은 이집트 스타일의 바빌론 종교 전시회에 선남선녀들을 유인하기 위해 그들의 새로운 신들을 과시했다.

이집트로부터 이 가짜 신들은 전 세계로 전파되었다. 사람들은 자기 고유의 신들과 바빌론 신들 사이에서 선택했다.

그들이 뒤죽박죽 창작해 낸 혼란을 보라!

님롯부터 시작해 보자...

님 롯

바빌론에서 그는 마르둑[1]으로 알려졌다. 그는 그 이름으로 "바빌론의 수호신"이 되었으며, 또한 다음과 같은 이름으로도 불렸다: 아마루둑, 벨-마르둑, 벨로스, 안 & 아누(바빌론 남쪽 수메르에서) & 므로닥.[2]

마르둑

후에 이교도들은 님롯을 "상업의 신"과 교사와 작가로 만들었다. 이 때문에 그들은 그를 느보라고 이름 붙였다. 히브리어로 "느보"는 "예언자"를 의미하므로, 느보는 예언의 신이기도 했다.[3]

그러나 부도덕하고 불경건하고 폭압적인 통치자로서, 그는 길가메시, 곧 힘센 사냥꾼으로[4] 가장 잘 알려져 있다.

느 보

사자들을 주목하라

앗시리아의 코르사바드 궁전에서 발견된 길가메시 조각

님롯부터 시작해 보자...

[1] p.51의 각주 1 참조.
[2] 또한 "마르둑의 50가지 이름 찬송"에서 49가지 이름이 그에게 더 주어진다!
[3] Hislop에 따르면, 님롯은 바벨과 그 탑을 건설한 부친 쿠스로부터 "느보"와 "벨"이라는 이름을 물려받았다. Hislop의 The Two Babylons, pp.25,26,34를 보라.
[4] pp.28-31와 그곳의 다른 참고 사항들 참조.

"신들"의 변천 - 님롯

그 뒤 왕들은 님롯을 모방하기 원했다!

여덟 꼭지점 별은 이슈타르의 상징이다.

나람-신은 룰루비안들을 정복한다.

두 세대가 지난 후, 정복자 나람-신 왕은 님롯처럼 차림한 자신의 기념물들을 가졌다. 통치자들은 신들로서 경배 받고 싶을 때면 님롯의 스타일을 채택하곤 했다!

100년 후, 아누바니니 왕 역시 나람-신을 흉내 내어 자신을 꾸미어 신이 되게 했다. 그는 이난나/이슈타르가 그를 도와서 그의 대적들을 무찌르는 선명한 묘사만을 첨가했다.

바빌론의 바위에서 떼어낸 아누바니니 (룰루비안들의 왕)와 이슈타르 양각. 아프가니스탄의 사르-이-풀에서 발견됨.

악캇의 왕 사르곤 1세

고대의 문서들은 사르곤 1세가 님롯과 동시대에 살면서 동일한 나라들을 통치했음을 보여 준다. 그렇다면 차이점이 무엇인가? 사르곤은 모방자가 아니었다. 그것은 님롯[1] 자신에 대한 또 다른 이름일 뿐이다.

님롯은 해년마다 변화를 계속했다...

---

[1] 사르곤 1세는 악캇(Akkad)을 통치했고, 성경의 님롯과 정확히 동일하게 그의 수도(바빌론)를 가지고 있었다. 창세기 10:10 참조. Unger's Bible Handbook (1996), pp.53,59도 보라.

...그리고 각각의 성읍은 그의 이미지 또한 바꾸었다!

**성경은 님롯에 관해 이렇게 말씀한다.
"그의 왕국의 시작은 시날 땅에 있는 바벨과
에렉과 악캇과 칼네에서였으며"[1]**

님롯은 여러 다른 이름으로 알려졌다. 심지어 가장 고대의 성읍들에서도 그러했다. 왜일까? 이는 바벨 이후 다른 언어들을 가진 사람들이 모여서 공동체들을 이뤘기 때문이다. 님롯은 그들 모두를 통치했던 것이다.[2]

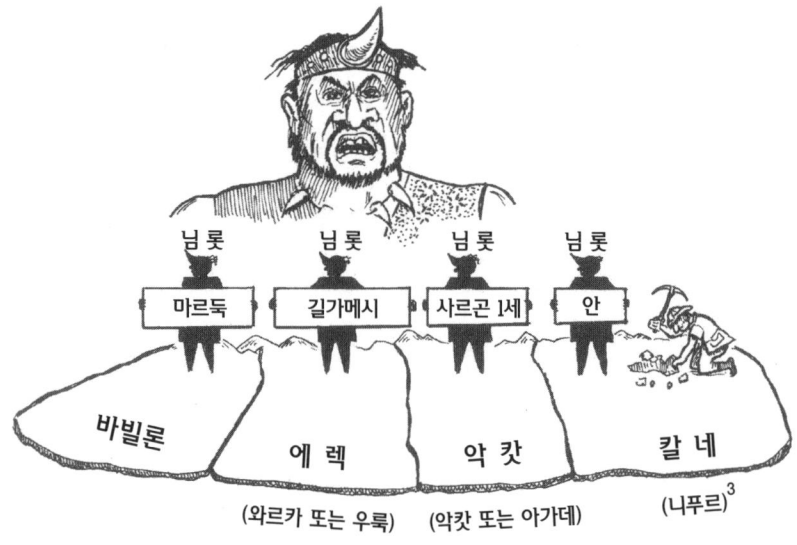

(와르카 또는 우룩)　(악캇 또는 아가데)　(니푸르)[3]

님롯은 권력의 표상 그 자체였다. 그는 크고 강했으며, 군대들을 고무시켜 전쟁을 치르게 했다. 그러나 그에게도 약점들이 있었는데, 그는 악하고 사탄적인 변태자이기도 했던 것이다! 이집트인들은 그를 제거하기로 결심했지만 누군가가 그 총대를 메야 했다. 그들이 셈을 선택한 것은 바로 그 이유 때문이었다.

그리하여 그들은 님롯을 제거했고, 셈을 더러운 사람으로 만들었다.

---

[1] 창세기 10:10
[2] pp.25-27 참조.
[3] 추가 정보를 위해 부록 A를 보라.

"신들"의 변천 - 님롯

이집트가 님롯에 어떤 변화를 줬는지 요약해 보도록 하자...

| 그들은 더럽고 늙은 불경건한 님롯을 데려다가... | 목욕시키고, 다이어트 시키고, 옷을 잘 차려 입힌 뒤 그의 이름을 바꾸었다... | 짠! 이제 그는 흠잡을 데 없이 선하고 행복한 신 오시리스다![1] |

이제 그들이 셈에게 한 일을 검토해 보도록 하자...

| 그들은 깨끗하고 경건한 셈을 데려다가... | 그에게 님롯의 악과 불경건을 쏟아 부은 뒤, 그의 이름을 바꾸었다... | 짠! 이제 그는 더없이 사악하고 분노에 찬 신 셋이다! |

이제 당신은 님롯이 어떻게 "선한" 신이 되었는지 알 것이다...

[1] 부록 A를 보라.

80　　　　　　　　　"신들"의 변천 - 님롯

이제 님롯은 덜 폭력적으로 보이도록 만들어질 수 있었다!

이 그림은 고도로 상징적인데, 님롯을 신으로 묘사한다. 점박이 새끼사슴을 들고 있는 그를 주목하라. 새끼사슴은 실제로 님롯 자신을 상징한다. 그가 들고 있는 나뭇가지도 그러하며, 다른 것들도 마찬가지이다![1]

로마의 바쿠스와 그리스의 디오니소스로서, 님롯은 음주와 환락의 신이었다.

디오니소스는 네브리스 (새끼사슴 가죽)[2]를 입고 있는 모습으로 그려졌다. 그러나 바쿠스가 비록 들뜨고 술 취했다 해도 전쟁에서는 사나웠다.

그리스의 판과 로마의 파우누스로서, 님롯은 숲과 야생의 음악 신이 되었다. 판은 헤르메스(로마의 머큐리)의 아들이었고, 헤르메스는 쿠스의[3] 또 다른 이름이었다.

그러나 님롯은 즐기며 놀러 다니지만은 않았다!

님롯은 사탄적이었다!

몰록(또는 몰렉)으로서, 님롯은 인간 희생제물을 요구했는데, 대개는 아기들을 원했다! 그는 성경에 11번 분명하게 거명된다. 레위기 18:21을 읽으라.

그러나 그는 그 이상이 되었다...

---

[1] "70인역"이라 불리는 변개된 헬라어 성경에서는 "님롯"이 언급되지 않는다. 대신 "네브롯" ("점박이 새끼사슴"에 해당하는 헬라어)이라고 한다. 추가 정보를 위해 부록 A를 보라.

[2] 네브리스("새끼사슴 가죽"에 해당하는 헬라어)는 님롯에 대한 또 다른 언급이다.

[3] 쿠스는 님롯의 아버지이다. 창세기 10:8과 Hislop의 Two Babylons (1858), pp.25-29를 보라.

급기야 님롯은 "신들"의 우두머리로 알려지게 되었다!

카나안에서, 님롯은 비쩍 마른 엘로서 온순하게 보였다. 그러나 이 자는 신들의 머리였다. 비록 그의 이름이 성경에 언급되지 않을지라도, 그의 아내 아스토렛(세미라미스)은 9번 발견되며, 그녀의 아들/남편 바알(탐무스)은 76번이나 언급된다!

그리스 신 제우스(로마의 쥬피터)로서, 그는 결코 온순하지 않았다. 신화들에 의하면, 그는 성질이 고약하고, 번개들을 던졌으며, 여신들과 인간 여자들을 통해 많은 자식들을 낳았다. 제우스는 실제로 님롯과 탐무스(바알)를 부분적으로 혼합시킨 존재이다. 혼란스런 얘기겠지만, 기억하라. 거의 모든 신들은 단지 다섯 명의 실제적인 사람들로부터 창작되었다는 것을!

그후의 신화들에서, 크로노스(로마의 사투르누스)가 제우스의 아버지로 첨가되었다. 그리고 크로노스의 아내 레아, 곧 "탑들의 건설자"가 세미라미스로부터 창작되었다. 이 초기 신들 중 거의 모든 이들은 동일한 네 명의 사람들이었다! 그러나 그 모든 여신들을 창작하는 데에는 오직 한 여자 세미라미스만이 있었다.

그 여자는 정말 끼지 않는 데가 없는 것이다!

하지만 앞으로 볼 테지만, 세미라미스는 여인이 아니었다!

모든 여신들은 한 여자로부터 만들어졌다.

세미라미스는 다면체적인 여자였다. 그녀의 개성이 지닌 각각의 측면은 여신 종교를 위한 시작점이 되었다. 가장 두드러진 측면은 **사랑의 여신**이다. 그러나 사랑은 많은 형태를 지니며, 또 모든 사랑이 선한 것은 아니다. 세미라미스 류의 "사랑"은 세상에 매춘을 가져왔다.

세미라미스

그녀의 가장 유명한 모습들은 비너스(로마)와 아프로디테(그리스)이다. 세미라미스와 마찬가지로, 아프로디테는 많은 연인들이 있었고, 그녀에게 바쳐진 신전에는 매춘이 성행하고 모든 형태의 방탕이 있었다. 그녀의 "사랑의 여신"으로서의 다른 이름들은 이난나와 이슈타르, 아스타르테, 아스토렛, 아시라이다.

그러나 그녀는 "사랑"의 여신이 아니었다...

"신들"의 변천 - 세미라미스

그녀는 전쟁의 여신이기도 했다!

이슈타르

그녀를 이슈타르로 묘사한 초기 그림들에 근거하여 세미라미스는 전쟁의 여인으로 알려졌다. 왕들에게 그녀는 전사 여신이었다. 그들은 전쟁 전에 그녀에게 기도했고, 적들을 무찔렀을 때에는 조각상들과 찬양으로 그녀에게 영예를 돌렸다.

전사로서 그녀는 아테나와 미네르바, 아르테미스, 다이애나로 가장 잘 알려져 있다. 그녀는 활을 든 모습으로 아주 흔하게 그려진다.

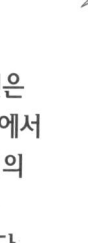

아테나

아르테미스

그러나 이 그림은 눈에 보이는 것 이상을 담고 있다. 그녀가 들고 있는 활을 주의 깊게 살펴보라. 활의 모양을 알아차리겠는가?

그것은 평범한 활이 아니다. 실제로 그것은 초승달을 상징한다! 그리고 다이애나의 활에서 또한 별을 볼 수 있는데, 그것은 결코 우연의 일치가 아니다. 세미라미스는 달의 여신과 샛별/저녁별(금성)의 여신[1]이기도 한 것이다.

다이애나

그러나 사탄은 세미라미스를 이보다 훨씬 대단하게 만들었다...

[1] 부록 A의 목록 참조.

세미라미스는 다름 아닌 님롯처럼 된 것이다!

님롯에 관한 이 앗시리아 그림에서, 첫째, 그는 황소를 죽인다. 그 뒤 뿔과 꼬리, 발굽 같은 황소의 신체부위를 자기 것으로 한다. 그 뒤 그는 사자를 쫓는다. 후에 왕들은 자신이 신이라는 것을 말하기 위해 뿔들을 머리에 썼다.

이슈타르와 이난나로서, 세미라미스는 님롯처럼 차려입게 되었다. 뿔과 그 모든 것을!

퀴벨레로서, 세미라미스는 전쟁 시의 "보호자"일 뿐 아니라 "성읍들의 건설자"로 알려졌다.

님롯처럼 옷을 입은 이난나. 초승달과 샛별이 함께 있으며, 그녀의 "폭풍의 용"을 타고 있다.

세미라미스는 그녀가 죽은 지 불과 한 세대가 지났을 때를 시점으로(B.C. 2300년 정도) 수백 가지의 여신으로 만들어졌다. 그녀는 연인, 전사 또는 통치자였다. 그녀는 어머니 여신, 자매 여신 또는 아내 여신이었다. 그녀는 샛별/저녁별 또는 달과 관련 있었다. 종종 그녀는 이 모든 것을 합하여 한 존재가 되었다!

그러나 세미라미스의 "변신"은 아직 끝나지 않았다. 그녀는 세상을 함정에 빠뜨리기 전에 훨씬 더 강력해져서 더 많은 사람들에게 호소력을 지닐 필요가 있었다.

우선, 그녀는 거울에 비친 자신의 상이 되어야 했다!

"신들"의 변천 - 세미라미스

그녀는 "지하세계"의 여신이 되었다.

에레시키갈 또는 릴리스. 수메르의 왕관과 왕의 권위를 나타내는 "막대와 반지"를 착용하고 있다. (B.C. 2000년)

이 형태로 세미라미스는 많은 이름들을 가졌다. 먼저 그녀는 에레시키갈이었고, 그 뒤 릴리투, 릴루 그리고 릴리스였다. 그녀는 "악령들의 여왕"이자 이난나-이슈타르의 정반대 존재로 알려졌다.
(그러나 이 우상은 여전히 때때로 실수로 "이슈타르"라고 불린다.)

인간들은 일단 신들로 만들어지면 서로 간에 관련지어져야 한다. 그래서 이야기들은 세미라미스의 "거울에 비친 상"을 그녀의 자매로 만들었다. 이집트인들은 이시스에게 지하세계를 다스리는 네프티스라는 자매가 있었다고 말한다.

호루스를 젖 먹이는 이집트의 이시스와 그녀의 거울에 비친 상 네프티스.

흥미로운 사실: 네프티스 역시 남편이 필요했기에, 그녀와 함께 지하세계를 다스리도록 꾸며진 존재가 있었다. 누구라고 생각하는가? 바로 그렇다! 이제 악한 셋으로 바뀐 경건한 셈이 "죽은 자들의 통치자"가 된 것이다! 이집트인들은 후에 그를 수테크라 개명했다! (그리스어로, 악한 티폰)

이제 한 발짝만 더 내디디면 세미라미스가 누가 되는가 하면...

마법의 여신!

그리스의 헤카테로서, 세미라미스는 지하세계의 여신 그 이상이었다. 그녀는 또한 죽은 자들의 영역에 이르는 입구, 즉 "교차로들"을 다스리는 것으로 믿어졌다. 그녀의 우상들은 세 길이 만나는 곳에서 발견되었다.

그녀에게는 개들과 검은 어린양들이 제물로 바쳐졌다. 그녀가 흑마술과 마법의 여신이라는 것이 증거를 통해 분명해지는 것이다![1]

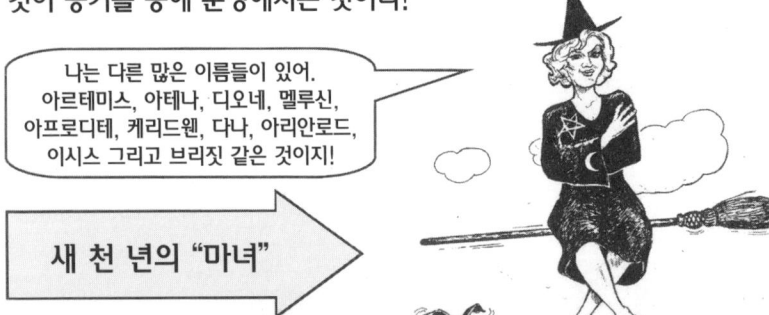

나는 다른 많은 이름들이 있어. 아르테미스, 아테나, 디오네, 멜루신, 아프로디테, 케리드웬, 다나, 아리안로드, 이시스 그리고 브리짓 같은 것이지!

새 천 년의 "마녀"

이에 대해 더 많은 증거가 있을까? 물론이지!

---

[1] 이 부분에 대해서 부록 A의 주석과 참고 자료들 참조.

"신들"의 변천 - 세미라미스

증거들은 이교도들이 세미라미스에게 짐승들은 물론, 인간들을 제물로 바쳤음을 입증한다. M. 에스더 하딩은 이렇게 기록했다.

> 달의 여신의 여사제는... [그 여신]을 그녀의 어둡고 파괴적인 측면으로 인격화해야 했다... 유아 희생제사가 정기적으로 행해졌는데, 몇몇 형태의 여신들을 기념하려 한 것이 틀림없다. 예를 들면, 이런 기록이 있다. 여신 아스타르테를 상징하는 신성한 돌 주변에서 수백 구의 인간 유아 해골들이 발견되었다... 첫태생인 아이들과 짐승들이 그녀에게 제물로 바쳐졌다.

그러나 마법은 유럽의 신들과 여신들에게만 한정되지 않았다. 자, 아메리카 대륙으로 가 보자...

---

[1] M. Esther Harding, Woman's Mysteries: Ancient & Modern (1971), p.138. 또한 William Schnoebelen 의 Wicca: Satan's Little White Lie (1991), pp.117,118도 보라. 추가 정보를 위해 부록 A를 보라.

그녀는 아메리카 대륙에서 마법의 여신이기도 했다!

중앙 아메리카 보르지아 코덱스(1200-1500)의 한 페이지의 항목에서 출처한 틀라졸테오틀

틀라졸테오틀은 아즈텍의 달의 여신으로 (이슈타르처럼) 금성을 상징했다. 그녀는 마법의 여신이자, "흑마술"을[1] 포함한 모든 마술의 배후에 있는 힘의 여신이었다!

틀라졸테오틀, 아메리카 대륙의 마녀, 뾰족한 모자와 빗자루를 모두 갖추었다.

이제 그녀가 정말로 누구인지 알겠는가?

비록 이 여신은 멕시코와 중앙 아메리카 출신이지만, 그녀의 상징들은 유럽의 마녀들과 일치한다! 모든 신들과 여신들은 다섯 명의 역사적인 인물들로부터 창작되었다는 것을 기억하라!

그리고 역사는 우리에게 마녀 세미라미스에게 아들이 있었다고 말해 준다...

---

[1] 추가 정보를 위해 부록 A의 주석 참조.

"신들"의 변천 - 탐무스

천의 얼굴을 가진 소년!

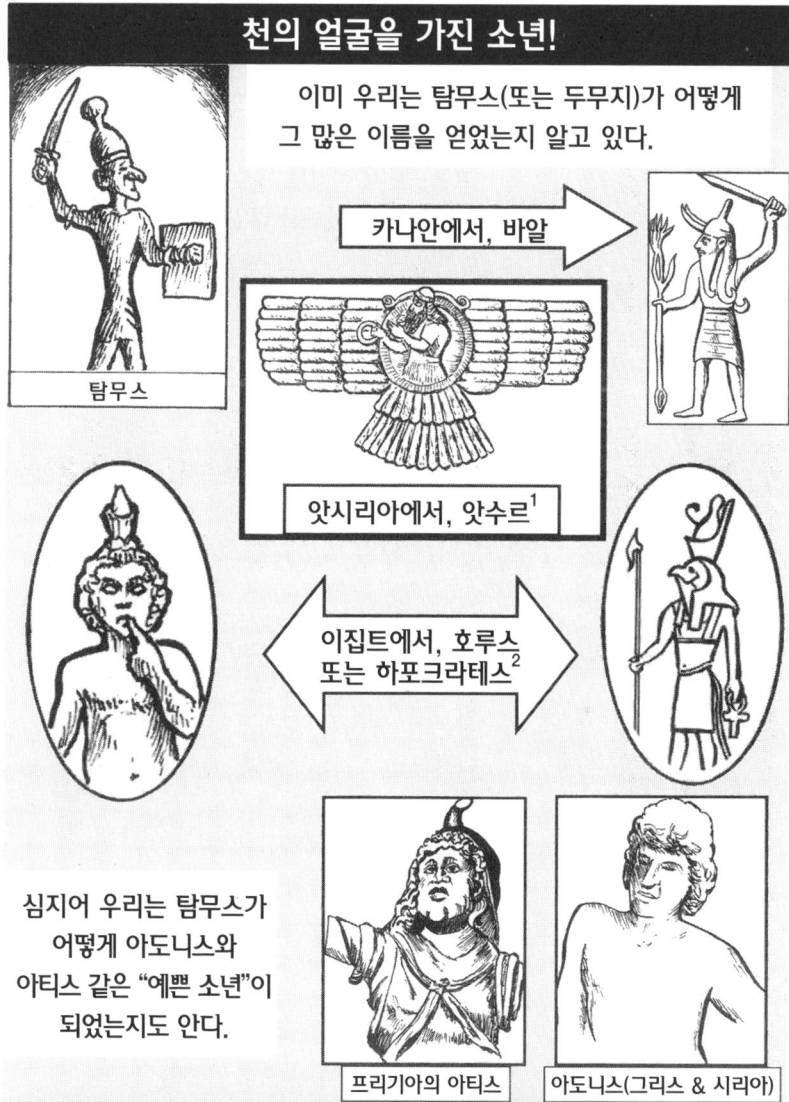

이미 우리는 탐무스(또는 두무지)가 어떻게 그 많은 이름을 얻었는지 알고 있다.

카나안에서, 바알

앗시리아에서, 앗수르[1]

이집트에서, 호루스 또는 하포크라테스[2]

탐무스

심지어 우리는 탐무스가 어떻게 아도니스와 아티스 같은 "예쁜 소년"이 되었는지도 안다.

프리기아의 아티스

아도니스(그리스 & 시리아)

그러나 당신은 탐무스가 이외에 또 누가 되었는지 아는가?

[1] 태양 신으로서의 앗수르는 다른 "날개 달린 원반" 신들, 즉 안샤르, 아슈르, 아수라, 아후라 마즈다, 샤마슈(이집트의 날개 달린 태양)의 원형이었다.

[2] 그리스어 이름 하포크라테스(하르-페-크라드, 이집트어로, "아이 호루스")에 관한 추가 정보를 위해 부록 A에서 67페이지의 주석 참조.

이 유명한 신들을 보라.

아기 침대에서 뱀들을 정복하고 있는 이 어린 아기는 다름 아닌 헤라클레스이다. 흐음, 뱀의 머리를 부수는 아이라... 이전에 어디선가 들어보지 않았는가?[1]

거짓 신 헤라클레스는 변화에 매우 융통성이 있었는데, 거의 탐무스 수준이었다! 아이와 청년으로서, 그는 탐무스였다. 그러나 그의 힘을 보라. 그것은 님롯의 힘, 또는 심지어 삼손의 힘과 같았다! 그 이유를 아는가?

당신은 한 가지 중요한 사실을 알 필요가 있다.
이교도의 신들은 단순히 바빌론과 이집트를 모방한 것이 아니었다. 그들은 실제적인 성경의 사건들과 인물들을 모방한 것이다!

가자의 성문 문짝들과 두 기둥을 옮기는 삼손 (재판관기 16:3)

그리하여 헤라클레스는 이후 몇몇 이야기들에서 삼손의 생애를 모방했다. 다른 신들 역시 그 뒤를 따랐다. 그리스인들이 이집트에 왔을 무렵, 그들은 하나님의 사람들을 닥치는 대로 모방하고 있었다!

지브롤터 해협에서 두 기둥을 옮기는 헤라클레스

출애굽기 2:2, 사도행전 7:20, 히브리서 11:23을 보라

아기 아도니스에 관해서는 아름다운 모세가 갈대 바구니에 누워 있던 실화를 모방했다.

그리고 신들을 뒤섞는 일은 계속되었다...

---

[1] 유사한 이야기가 호루스에 관해 말해진다. Gahlin의 Egyptian Religion (2002), p.61 참조.

뒤섞이는 "신들" - 부모에서 자녀까지

또 다른 중요한 사실:
한 "신"의 특징들은 종종 "아들들"과
"딸들"에게 전해졌다.

이것은 잠시 후면 당신이 쿠스, 님롯, 탐무스 중
어떤 것을 말하는지 모르게 될 것임을 의미한다.

예를 들어, 헤라클레스는 머지않아 님롯, 탐무스, 심지어 셈을
뒤섞어 놓은 거대 혼합 인물이 되었다. 직접 확인해 보라.[1]

대부분의 여신들이 달의 여신으로 알려진 것과 같이,
대부분의 신들도 과거 언젠가 태양 신, 초목 또는 하늘, 지하세계의
신들, 창조자, 심지어 중보자 또는 구속주 신들이라 불렸다.

단지 다섯 명의 실제
인물들로부터 실로 많은
신들이 나온지라, 그들에
관해 얘기하려면 본서는
뉴욕 전화번호부보다
더 커야만 할 것이다!

그리고 마침내 우리는 바빌론 종교의
가장 중요한 부분에 도달했다...

[1] Hislop의 Two Babylons를 구하여 헤라클레스에 관한 모든 참고 내용을 읽어 보라!

92   "신들"의 변천 - 어머니 여신 종교

...그 모든 것은 암소와 함께 시작되었다!

- 글쎄, 정확한 건 아니지만, 암소는 어머니 신으로서 세미라미스의 가장 초기 형태들 중 하나였다. 닌순으로서 그녀는 길가메시의[1] 어머니가 되었다! 그녀가 이집트로 왔을 때에는 약간 개작되었다.

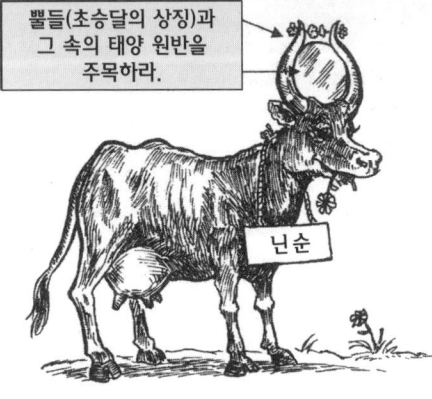

뿔들(초승달의 상징)과 그 속의 태양 원반을 주목하라.

닌순

하토르

믿거나 말거나, 이 아름다운 여인은 실제로 그 암소 여신과 동일인물이다! 하토르로서 그녀는 호루스의[2] 어머니이다. 따라서 그녀는 사실 이시스인 셈이다. 그러나 대부분의 이집트 미술작품에서 그녀는 또한 암소의 머리와 귀를 가지고 있다. 연구자들은 신들의 수는 제한되어 있는데 대단히 많은 이름들이 있음을 점점 더 알아내고 있다.

이시스

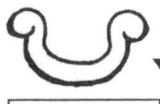

아즈텍 초승달
(p.88)

이 아즈텍 초승달에서 보듯이, 뿔 모양의 상징은 전 세계에서 찾아볼 수 있다.

이렇듯 "소를 시초로" 하여 어머니 신들의 "무리"가 나왔으며, 각 여신에게는 꼬마 녀석이 함께 있었다...

---

[1] pp.28-31 참조. 또한 Dalley의 Myths From Mesopotamia (2000), pp.51,58,59,61과 Turner와 Coulter의 Dictionary of Ancient Deities (2000), p.348의 "Ninsun" 항목 참조..

[2] 이집트어 "하트-호르"는 "호루스의 집(또는 자궁)"을 의미한다. 부록 A를 보라.

"신들"의 변천 - 어머니 여신 종교

여기에 몇몇 어머니 신들이 있다.
(당신이 몇 가지나 분간할 수 있는지 보라!)

이것들은 이시스와 호루스이다.

그러나 이것들도 그렇다.

그리고 이것들도 그렇다.

콥트(이집트)의 그림

호루스가 젖을 먹기엔 좀 나이 들어 보이지 않는가?

여기 다른 것들이 있다.

"이난나와 아들" 또는 "닌우르사그와 네수"

마야와 붓다

데바키와 크리슈나

인드라니와 아이

주노(헤라)와 헤라클레스

싱무와 아들

그러나 사탄에게는 여전히 그의 가장 큰 문제가 남아 있었다...

"신들"의 변천 - 사탄의 계획

어느 음산한 날 사탄의 소굴에서는...

사탄의 바빌론 종교는 잘 진행되고 있었다. 아마도 너무 잘 되고 있었을 것이다. 일단 인류가 잘못된 생각을 갖자, 신들의 수는 토끼가 새끼 낳듯 불어났고, 새로운 신들이 매일 만들어지고 있었다. 이것은 사탄의 "세미라미스 음모"에 큰 문제를 야기했다. 이야기를 계속 따라가며 직접 확인해 보라!

자정:

이제 문제의 본질에 초점을 맞추자!

---

¹ 베드로전서 1:9-12도 보라. 하나님께서는 그분의 선지자들에게 그리스도의 고난에 관해서 계시하셨다. 심지어 천사들조차도 알고 있었다(12절 참조). 그들은 그 시간표를 몰랐을 뿐이다!

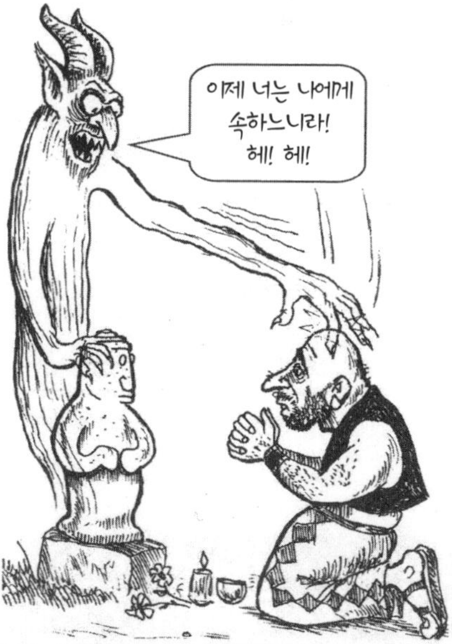

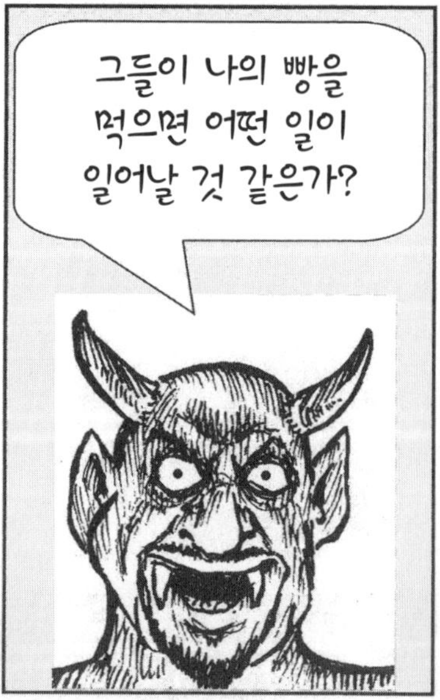

[1] 신명기 32:16,17, 시편 106:36-38, 고린도전서 10:19-21, 요한계시록 9:20 참조. 곁에 성경이 없는가? 그렇다면 부록 A에 다 있으니 모두 읽으라!

또한 이것은 정확히 고대 이집트에서 제사장들이 행했던 일이다!

이교도들은 빵으로 만든 많은 신들에게 경배했다.

...그러나 빵 신 오시리스는 매우 중요했다...

[1] 이집트와 다른 빵 신들에 관한 기록을 보려면 부록 A에서 p.97 주석 참조.

> ...왜냐하면 이 신은 태양의 모양을[1] 하고 있었기 때문이다!

그것은 이집트에서 주문처럼 작용했다! 사람들은 빵이 실제로 그들의 신으로 변화되었다고 믿은 것이다! 제사장들은 많은 모양들을 시도했지만, 사탄이 선호한 것은 태양 모양의 오시리스 빵이었다. 그것의 힘은 믿기지 않을 정도였다...

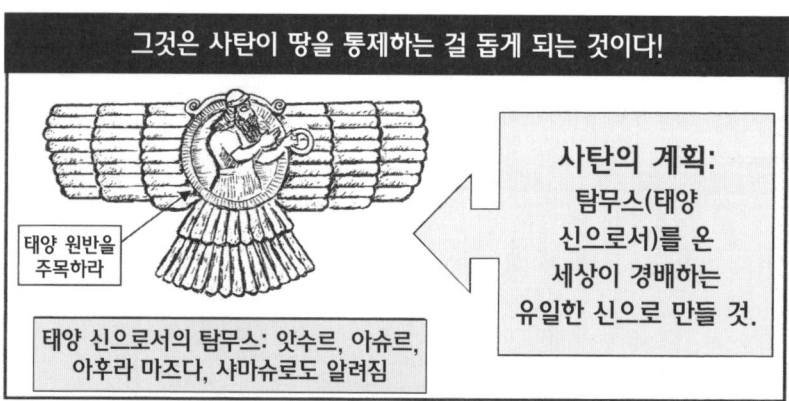

그것은 사탄이 땅을 통제하는 걸 돕게 되는 것이다!

태양 원반을 주목하라

태양 신으로서의 탐무스: 앗수르, 아슈르, 아후라 마즈다, 샤마슈로도 알려짐

사탄의 계획: 탐무스(태양 신으로서)를 온 세상이 경배하는 유일한 신으로 만들 것.

그 계획은 완벽했다. 한 가지 아주 작은 문제를 제외하고...

우리가 만들어낸 다른 모든 신들과 여신들은 어떻게 하죠?

으음...

이런! 이제는 그것이 문제였다!

---

[1] Hislop의 The Two Babylons (1858), p.160 참조.

"신들"의 변천 - 사탄의 문제

지금껏 보았듯이, 모든 우상의 배후에는 마귀가[1] 도사리고 있다. 마귀들은 영적인 존재들이다. 그들은 타락한 천사들이다.[2] 그리고 인간 중 최악의 군상들처럼 비열하고 잔인하며, 무엇보다도 이기적이다! 그들이 도시들과 지역 사회, 심지어 국가들에 대한 그들의 권세를 포기한다는 것은 말도 되지 않는다. 따라서 우상들 배후의 마귀들은 누가 땅에서 가장 강력한 "신"인가를 알기 위해서 서로 싸웠다.

사탄은 해결책이 필요했다... 그리고 마침내!

다음은 바빌론 종교의 본질이다!

---

[1] p.96의 각주를 보라..
[2] 마태복음 25:41과 요한계시록 12:7,9를 보라.

바빌론 종교의 본질

사탄은 잠시 생각하더니 일어섰다...

주의: 이어지는 내용이 우습게 보일지 모르나, 마귀는 당신의 눈을 하나님으로부터 떼어 내는 데 혈안이 되어 있다는 것을 알라!

---

[1] 예레미야 44:15-30 참조.

바빌론 종교의 본질

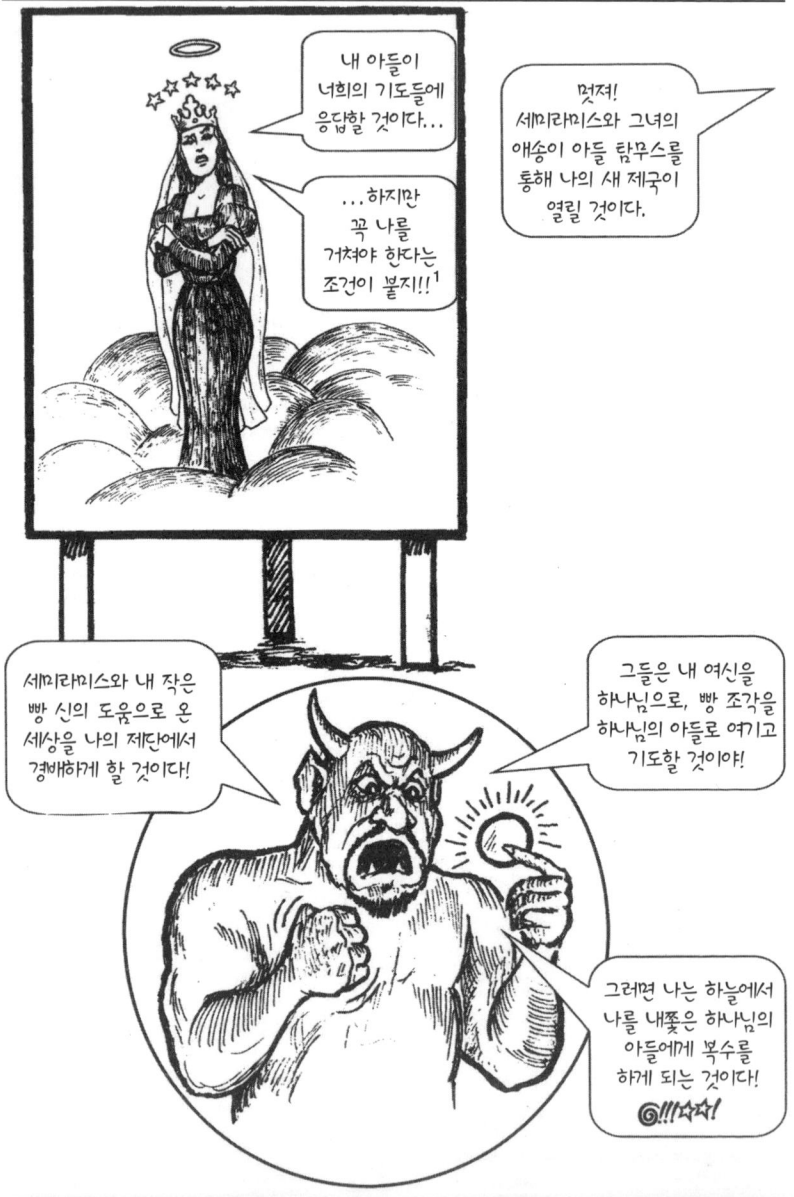

1 이에 대한 역사적 예를 보려면, Hislop의 The Two Babylons (1858), pp.158,159를 보라.

3장 요약

많은 사람들이 땅 도처로 이동하고 이교들 사이에 경쟁이 일어남으로써, 사탄의 바빌론 종교는 널리 전파되기 시작했다.

원래의 생각은 단순했다. 즉 님롯과 세미라미스와 탐무스 경배를 중심으로 달력을 만드는 것이다. 그러나 100년 내에 그들은 많은 이름으로 알려졌고, 신들의 명부는 갈수록 커졌다.

그런데 사탄에게 문제가 생겼다. 즉 아버지 하나님을 세미라미스로, 아들 하나님을 탐무스로, 하나님의 아들의 희생을 탐무스의 희생으로 대신하려는 그의 계획을 어떻게 성취할 것인가였다. 그는 사람들을 다시 한 가지 개념으로 되돌릴 필요가 있었다.

그러나 어떻게 이교도들로 하여금 다른 모든 신을 제외하고 오직 한 신 (또는 여신)만을 경배하게 할 것인가?

해결책은 간단했다. 즉 어머니 여신을 모든 종교의 중심으로 만드는 것이다. 결국 그들을 도와주고 그들의 기도에 응답하기를 기다리는 "상냥한 어머니"를 갖기를 원치 않을 사람이 누군가? 사탄은 그의 덫이 설치되었다고 확신했다. 그러나 그는 하나님께서 지금 막 행동하려 하신다는 것을 알지 못했다!

하나님께서는 믿음을 가진 한 사람만을 필요로 하셨다...

제4장

자신의 백성을 향한 하나님의 계획

사탄은 자신이 성공했다고 생각했다...

바빌론은 고대 세계의 중심이었고, 그곳의 교리들은 널리 전파되었다. 님롯과 세미라미스와 탐무스의 손길이 닿지 않은 곳은 아무 데도 없었다. 문자 그대로 "조직화된 종교"의 시작이었던 것이다.

그러나 바빌론 종교는 결코 조직화된 것이 아니었다!

모든 이에게는 동일한 기본 신념이 있었다... 그러나 유사성은 거기서 끝난다!

중국으로   그리스로   이집트로

기억하고 있는 것처럼, 하나님께서 언어들을 나누시자, 그때 그 사람들은 무리를 지어 도시들과 문화들을 이루었다. 그들이 처음에 의견이 일치했던 것은, 그들 모두 님롯과 세미라미스와 탐무스의 얼굴을 직접 보며 알았기 때문이다. 그러나 하나님의 말씀을 주의 깊게 기록했던 하나님의 백성과는 달리, 이교도들은 설화들을 다음 세대에게 구두로 전달했다. 그 뒤 그들의 전설과 신화들은 비밀이 되었고, 그들의 종교 의식들에 돈을 지불하는 손님들에게만 알려졌다. 그들이 그 비밀 신화들과 의식들을 기록한 것은 훗날의 일이었다.

그즈음 그 진실은 변질되고 상호 모순되는 설화들에 지나지 않게 되었다!

그리고 모든 이는 자신의 설화가 "원래의" 것이라고 말했다...

마귀의 "조직화된" 종교

109

기억하라. "신들"은 모두가 신으로 위장한 마귀들이었다! 그들은 일단 한 지역에 거점을 확보하면 그곳을 떠나지도, 사람들에 대한 지배력을 완화시키지도 않았다. 그래서 많은 이교들과 종교들은 각자 자기 신 또는 여신이 우주를 통치한다고 주장하며 견원지간처럼 싸웠던 것이다.

그 결과, 신화들과 설화들은 훨씬 더 복잡하게 뒤섞였다. 또 설상가상으로, 새로운 신들(마귀들)이 첨가되었고, 그들 나름대로 악을 피할 수 있고 복을 받을 수 있는 새롭고 다른 의식과 희생제들을 인간에게 요구했다. 이 얼마나 지독한 혼란이란 말인가!

마귀는 이에 당황했을까?

사탄은 그것을 정말 좋아했다!!
사탄은 당신의 마음을 하나님에게서 멀어지게 하는 거라면 뭐든지 좋아한다!

흑암이 땅을 뒤덮었고, 꼭 노아의 홍수가 있기 전처럼 인간의 생각은 "계속해서 악할 뿐이었다."[1] 그리고 200년 가까이 사탄이 승리한 것처럼 보였다! 이윽고 사탄은 그의 하나의 세계 종교를 세미라미스와 그녀의 아들 숭배 안에서 연합시키고자 했다.

그런데 정말 그럴 수 있었을까?

[1] 9페이지와 창세기 6:5 참조.

하나님의 백성 - 좋든 나쁘든 111

**희망이 사라졌을 때, 하나님께서는 한 사람을 부르셨다.
즉 아브라함(과 그의 아들 이삭과 그의 아들 야곱)이었다.**

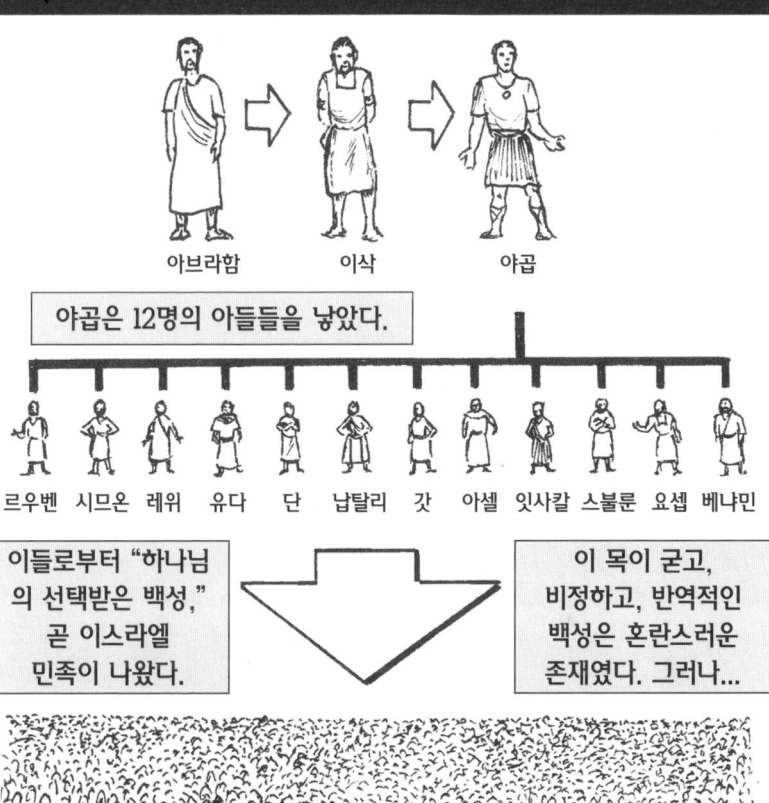

아브라함   이삭   야곱

야곱은 12명의 아들들을 낳았다.

르우벤 시므온 레위 유다 단 납달리 갓 아셀 잇사칼 스불룬 요셉 베냐민

이들로부터 "하나님의 선택받은 백성," 곧 이스라엘 민족이 나왔다.

이 목이 굳고, 비정하고, 반역적인 백성은 혼란스러운 존재였다. 그러나...

**그들은 아브라함 때문에 복을 받았는데 이유가 무엇일까?
단지 그가 하나님을 믿었다는 이유 때문이었다.[1]**

하나님께서는 한 사람의 믿음으로 인해 전체 민족을 세우신 것이다.
그리고 마귀는 곧 깨닫게 되었다.

하나님께서는 그분의 백성을 버리지 않는다는 사실을!

---

[1] 창세기 15:4-6, 로마서 4:3-5 그리고 갈라디아서 3:6-9를 보라.

사탄은 이스라엘을 공격하기 위해 많은 시도를 했다...

...그러나 하나님을 사랑하고 그분의 말씀을 믿는 기도하는 사람들이 있는 이상, 마귀가 그들을 해하기 위해 할 수 있는 것은 아무것도 없었다.

때때로 수적으로 완전히 열세였지만, 이스라엘은 그들의 적들을 물리쳤다.

하나님께서는 그분을 따르는 신실한 백성들을 언제나 도우러 오셨다. 그러나...

그들이 하나님을 거부했을 때 - 사탄은 그들을 포로로 잡아갔다.

하나님께서는 그분의 심판을 연기하셨다... 그러나 그들이 여전히 회개하지 않으면, 주님은 사탄이 그분의 백성을 포로로 잡아가도록 허락하셨다. 그리고 그들의 새 주인들은 잔인했으며, 하나님의 백성에 대한 증오가 몹시도 대단했다.

그러나 하나님께서는 여전히 사랑의 손길을 그들에게 내미셨다!

그들이 회개했을 때... 그들은 되돌아오게 되었다!

하나님은 그것을 이렇게 말씀했다."...나 주 너의 하나님은 질투하는 하나님이니, 나를 미워하는 자들의 삼사 대까지 그 조상들의 죄악을 그 자손들에게 미치게 하고, 나를 사랑하고 나의 계명들을 지키는 자들에게는 수천 대까지 자비를 베푸느니라."[1]

너희 고향으로 돌아가라.

우리가 잘못했습니다!

주여, 용서해 주소서!

주여, 감사합니다!

이러한 일은 수 세기 동안 계속되어, 결국 B.C. 722년 북왕국 이스라엘이 앗시리아에 함락되고, B.C. 605년부터 B.C. 586년까지 유다의 멸망이라는 그 파멸적인 시간이 전개되었으며...

하나님의 선지자들에 의해 장기간 경고를 받은 후, 남왕국 유다는 마침내 바빌론에게 함락되어 백성들은 포로로 잡혀갔다.

심지어 솔로몬의 아름다운 성전조차도 파괴되었다. 많은 이스라엘인들이 모든 희망을 상실하고 말았다.

그러나 하나님께서는 아직 그들과 끝내시지 않았다!

[1] 신명기 5:9,10 참조.

70년의 포로기간 후, 하나님께서는 전체 예언을 단번에 성취하셨다!

그가 태어나기 100년도 더 전에 하나님께서는 페르시아인 코레스를 불러 바빌론을 함락시키고 하나님의 백성을 구해 내어 예루살렘 성전의 재건을[1] 명하게 하셨다. 그 후 B.C. 445년에 그들은 성벽과 성읍을 수리하기 시작했다.[2]

그들이 회개했을 때... 그들은 되돌아오게 된 것이다!

B.C. 516년, 비록 솔로몬 시절의 것과는 같지 않았지만[3] 성전은 수리되었다. 마귀는 격노했다! 그는 성전이 지어지는 것을 막을 수 없었고 바야흐로 메시아가 오고 계셨다.

...그리고 사탄의 날은 이제 곧 훨씬 더 악화될 참이었다!

---

[1] 코레스에 관한 하나님의 예언은 이사야 44:24-45:7에서 발견된다. 70년 포로기간에 관한 예언은 예레미야 25:11; 29:1-14에서 발견된다. 다니엘은 그것에 관해 다니엘 9장에서 하나님께 기도하였다.

[2] 에스라와 느헤미야를 보라. 다니엘 9:25에서 하나님의 예언의 시계는 시작되며, (마귀를 포함한) 모든 이에게 "메시아 통치자"가 언제 올 것인지를 말해 준다. 부록 A를 보라.

[3] 에스라 3:10-13과 학개 2:1-3 참조.

바빌론 재건

하나님의 백성이 떠나자, 바빌론은 붕괴됐다!

하나님께서는 바빌론을 하나님의 백성에 대한 그들의 죄악으로 인해 심판하셨다.[1] 님롯과 세미라미스와 탐무스의 성읍의 잔재는 역사의 모래에 서서히 덮여졌다. B.C. 122년경 그 "큰 도성"은 거의 재가 된 것이다!

잘 가라, 바빌론아!

사탄은 새 성읍이 필요했다. 그것도 빨리!

오직 한 성읍이 바빌론처럼 영향력 있고 사악해질 수 있는 가능성을 보였는데, 그것은 고대 로마였다!

로마는 이제 곧 사탄의 새 바빌론이 될 참이었다!

---

[1] 예레미야 25:12; 50:18과 51장 참조. 코레스 왕 이후 바빌론에 일어난 일들을 전체적으로 살펴 보려면 부록 A에서 p.115 주석을 보라.

특별히 한 사람이 사탄의 시선을 사로잡았다...

B.C. 49-44

듣는 사람이 없다. 줄리어스, 한 번 더 말해 봐!

나...는 신이다!

시저 만세! 하! 하!

줄리어스 시저는 명장이자 정치가였다. 그는 매우 막강하여 로마 원로원이 겁을 먹을 정도였다! 그는 전제 군주로서 통치했지만... 그가 살해 당한 뒤, 그들은 그가 신이었다고 선포했다! 그리고 그후 얼마 안 있어, 모든 황제들이 신들로 추앙된 것이다.

사탄은 스릴에 젖었다!

그러나 그는 예루살렘을 주의 깊게 감시했다.

B.C. 21년에 사탄은 헤롯왕이 작은 성전을 15층 높이의 거대한 성전으로 바꾸기 시작하는 것을 보고 경악했다! 그때 그는 알았다. "그의 머리를 부술" 참된 씨(아이), 곧 하나님의 아들이 친히 땅으로 오고 계신다는 것을...

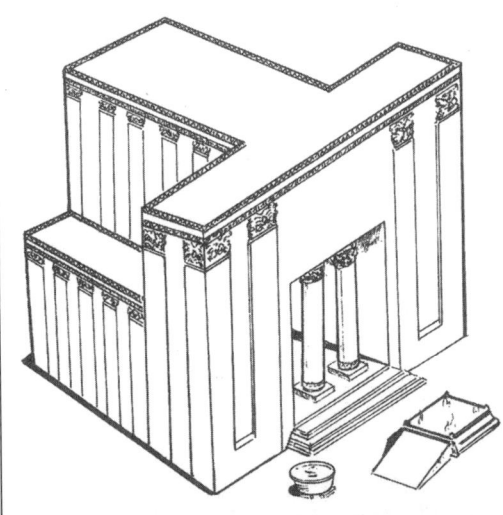

...그리고 머지않아 헤롯이 지은 성전에서 거니시리라는 것을!

4장 요약

바빌론은 사탄의 보좌였다. 그곳으로부터 그는 세상을 통치했다. 그의 님롯과 세미라미스와 탐무스 종교는 전 세계로 퍼졌지만, 그의 "조직적인 종교"는 겉으로 보이는 것과는 완전히 딴판이었다.

그의 마귀들은 "신들"(우상들)인 척하며 "최고 신"으로 불리기 위해 싸웠다. 그리하여 이교들이 서로 경쟁했을 뿐만 아니라, 도시들은 물론, 그 뒤 심지어 국가들까지도 그들 모두를 인도해 줄, 그들이 "좋아하는" 신이나 여신을 골랐다.

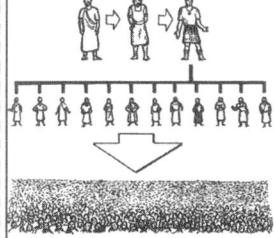

이러한 혼란 속으로 하나님께서는 주님을 믿는 아브라함을 부르셨다. 주님은 그의 가족들이 주님의 백성, 곧 하나님의 "택하신 민족"인 이스라엘이 되게 하셨다. 주님은 그들이 주님을 신뢰하는 한 그들을 보호하셨고, 반역하면 주님의 보호의 손길을 거두셨다.

하나님께서는 심지어 이스라엘의 죄들이 너무 높이 쌓인 뒤에는 그들을 본토에서 쫓아내셔야 했지만, 그것은 잠시뿐이었다. 70년이 지난 후 그들을 바빌론에서 다시 데려오신 것이다! 그 뒤 하나님께서는 고대 도시 바빌론이 결코 재건되지 못하도록 파괴하기 시작하셨다.

사탄은 망연자실하여 또 다른 바빌론, 즉 야심에 찬 도시 로마를 만들기 위해 신속히 움직여야 했다. 그는 가까운 몇 년 뒤 참된 씨, 곧 하나님의 아들께서 땅에 오실 것을 알았다. 사탄은 대비하고 있어야 했던 것이다...

예언의 참된 성취에 대하여!

제5장

예언의 참된 성취

약속된 씨의 오심

B.C. 5년경 갈릴리의 어느 저녁, 한 놀라운 사건이 일어났다. 하나님께서 천사 가브리엘을 마리아라는 젊은 유대인 처녀에게 보내셨고, 가브리엘은 그녀가 "가장 높으신 분의 아들," 곧 하나님의 아들을 잉태할 것이라고 그녀에게 말했던 것이다![1]

성령께서 그날 밤 그녀에게 임하시어 그녀의 자궁 안에 아들 하나님을 잉태케 하셨다. 우주를 만드신 창조주 하나님께서 여느 인간처럼 세상에 오셨던 것이다.[2] 악의 세력들이 알아차리는 것 또한 오래 걸리지 않았다!

> **사탄은 굉장히 경계했다. 창세기 3:15의 약속이 마침내 성취되고 있었던 것이다...**

---
[1] 누가복음 1:26-38 참조.
[2] 요한복음 1:10,14 참조.

이스라엘의 악한 권세들은 걱정이 되었는데...

따라서 사탄은 기다리고 또 기다렸다.
한편 예수께서는 일 년 중 한때 곧 목동들이 양들과
들판에 머물던 밤에 태어나셨으니, 절대로 12월 25일이 아니었다!! [1]
여러 달이 지나 현자들이 마리아와 요셉과 예수님을 찾아왔다...

그러나 현자들은 오로지 예수님께만 경배했다! [2]

[1] 누가복음 2:8-20 참조.
[2] 마태복음 2:1-12 참조.

예수님의 가족은 여느 가족과 다르지 않았다...

...예수님이 하나님의 아들이셨다는 것 외에는! 주님은 아버지가 다른 네 명의 형제들, 곧 야고보, 요세, 시몬, 유다와, 또 두 명의 누이들과 함께 자라셨다.[1] 마리아는 하나님께 복을 받았으니, 즉 처녀로 남아 있지 않았던 것이다![2] 요셉은 자신의 목수 기술을 전수했는데, 이는 이스라엘의 관습이었다.

우리는 예수님의 유년기에 관해 어떻게 알 수 있는가? 아래의 매우 분명한 두 성경 구절 때문이다.

1 "주[예수]께서 그들 [마리아와 요셉]과 함께 내려가 나사렛에 오셔서, 그들에게 순종하시더라..."(눅 2:51).

2 "예수께서는 지혜와 키가 자라고, 하나님과 사람의 총애 속에서 자라 가시더라"(눅 2:52).

여느 유대인 소년처럼 자라는 것이 그러한 호의를 얻는 유일한 길이었다.

예수께서 성장하셨을 때 모든 것이 바뀌었다!

[1] 마태복음 13:55,56, 마가복음 6:3. 아버지가 다른 남매들인 것은 하나님이 예수님의 아버지이셨기 때문이다!
[2] 불임은 복이 아닌 '저주'로 여겨졌다. 창세기 11:30; 25:21; 29:31, 출애굽기 23:26, 신명기 7:14, 재판관기 13:2,3, 시편 113:9, 누가복음 1:7-25 참조.

보라, 하나님의 어린양이라!

30세가 되셨을 때, 예수님은 그분의 사역을 시작하셨다...

하나님께서는 이전에 이미 침례인 요한에게 하나님의 아들의 참 사명을 알려 주셨다. 즉 인류의 죄값을 대신 치를 희생양이 되시는 것이었다!

기억하라: 어린양이 죄를 제거하는 유일한 길은 죄인 대신 희생되는 것임을!

사탄은 예수님의 사역이 시작되기 전에 중단시켜야 했다. 그는 세 가지 방법을 알았고, 그것들은 결코 실패한 적이 없었다. 그것은 바로 "육신의 정욕과 안목의 정욕과 생의 자랑"이었다.[2]

에덴의 동산[3] 이후로, 남녀노소 어느 누구도 마귀의 요구에 저항할 수 없었다.

그러나 사탄은 이제 곧 완전히 낙담하게 될 것이었다!

[1] 요한복음 1:29-33 참조.
[2] 요한일서 2:16 참조.
[3] 창세기 3:1-6 참조.

40일 동안 마귀는 예수님을[1] 시험했다...

실패한 사탄은 격노했다!!

그 뒤 그는 예수님을 떠났지만, 그것은 잠시 동안만이었다![3]

[1] 마태복음 4:1-9, 마가복음 1:13, 누가복음 4:2 참조.
[2] 마태복음 4:10 참조.
[3] 누가복음 4:13 참조.

당신은 예수님께서 방금 하신 말씀이 무슨 뜻인지 알겠는가?

주 예수께서는 산상설교에서[2] 자신이 최후의 심판날의 심판주라고 공개적으로 선언하신 것이다! 주님은 그것을 귀 있는 모든 자들이 들을 수 있도록 쉬운 언어로 선언하셨다.

주 예수 그리스도는 전능하신 하나님이신 것이다!

마귀와 그의 천사들은 이 일이 통제될 수 없음을 알았다. 사탄은 이천 년 이상 공들인 일이 수포로 돌아가지 않도록 빨리 조치를 취해야 했다. 그래서 그는 결심했다:

예수를 시험할 때가 되었어... 그의 가족을 통해서 말이야!

---

[1] 마태복음 7:21-23 참조.
[2] 마태복음 5-7장에서 발견됨.

사탄은 예수님의 가족을 세심하게 눈여겨보아 왔다.

요셉과 마리아가 결혼한 지 9개월이 안 되어 예수님이 태어나신 일은 마을의 이야깃거리였다.[1] 어두운 구름이 예수님의 전 생애에 드리워 있었다. 3년 동안 사역하셨음에도, 성경은 슬픈 진실을 우리에게 조용히 말씀한다:

이는 주의 형제들까지도 주를 믿지 아니함이더라(요 7:5).

사탄은 이것을 하나님의 아들을 대적하여 사용하기로 결심했다. 어느 날 예수님께서 가르치실 때 누군가가 나타나 말했다...

마리아와 그녀의 자녀들은 가족이라고 예수님께 특별히 다가가진 못했다! 중요한 것은 그분을 따르는가였던 것이다!

예수님은 친척들을 두려워하지 않았다.
사탄은 또다시 실패한 것이다!

---

[1] 탐구심 강한 당신이 이 고대의 잡담을 듣고 싶다면, 부록 A를 보라!
[2] 마태복음 12:46-50 참조.

시험받으신 예수님

평범한 사람이라면 이러한 압박에 맥을 못추었을 것이지만,

...그러나 예수님은 평범한 사람이 아니셨다. 육신을 입으신 하나님 자신이셨기 때문이다! 무리나 그분의 형제자매들이 제아무리 압박하고 거절해도 그분의 사명과 메시지를 "가볍게" 하거나 변경시키지 못했다.

마귀는 한 번 더 시도했다.

어느 날 한 여인이 목소리를 높여 예수님께 말했다.

그녀는 예수님이 마리아를 높이기를 원했다! 이것이 바빌론 종교의 본질이다.[2]

그러나 예수님은 잠시도 놀림당하지 않으셨다!

마귀는 예수님으로 하여금 자신을 섬기게 하려는 일에 모두 실패했다.
예수님은 마리아도 그분의 가족도 높이지 않으셨다.

사탄에게는 남겨진 선택사항이 없었던 것이다. 그는 이제 마지막 일을 수행한다.

---

[1] 누가복음 11:27,28 참조!
[2] Hislop, The Two Babylons(1858), pp.158,159와 본서 pp.101-104를 보라.

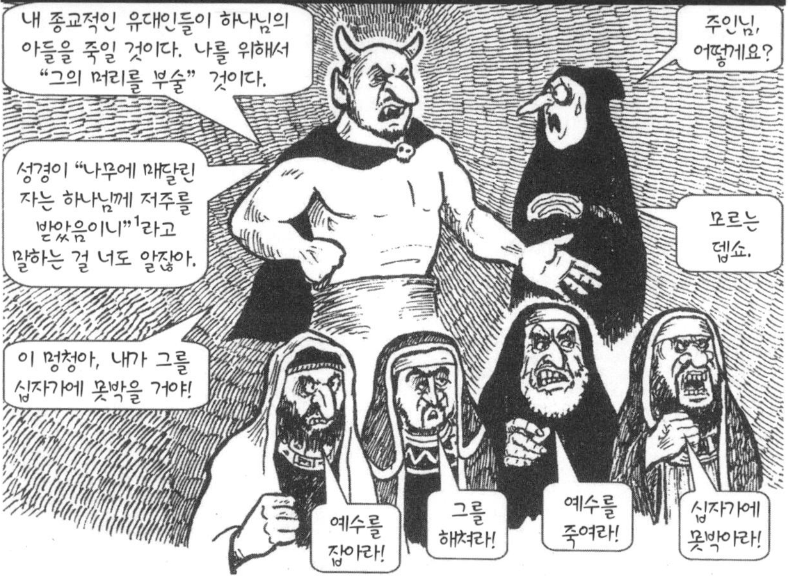

유월절마다 벌어지는 광경은 이러했다.

대제사장을 포함한 모든 유대인들은 그들의 죄를 대신하기 위해 전체 양 가운데 점 없는 어린 양을 골랐는데, 각 가정이 한 마리씩 골랐다. 대제사장 역시 어린 양을 가져왔는데, 그것을 유월절 닷새 전에[1] 무리가 보는 앞에서 성전까지 끌고 왔다.

한 해 동안 여러 의식에서 백성들은 종려나무 가지를 잘랐다.[2] 유월절에는 시편 113-118편을 노래하며 하나님의 위대한 역사를 상기했고, 그들을 구원하실 메시아를 생각했다.[3]

그러나 이번 유월절은 여느 유월절과 달랐다!

이 유월절에는 오랫동안 기다려온 메시아, 곧 이스라엘의 영원한 왕께서 왕의 상징으로 나귀를 타고 도성에 오신 것이다.[4]

그러나 예루살렘 사람들은 크게 놀라지 않을 수 없었다.

주님은 기대했던 만왕의 왕의 모습이 아니셨던 것이다.

---

[1] 출애굽기 12장 참조. 이것은 유대력에서 "니산(아빕)월 10일" 이라 불린다.

[2] 특히 장막절. 레위기 23:23-40과 느헤미야 8:14-18 참조.

[3] "할렐" ("찬양"에 해당하는 히브리어)로 알려져 있음. 부록 A를 보라.

[4] 요한복음 12:1; 12:12-19, 마태복음 21:1-11, 마가복음 11:1-11, 누가복음 19:28-40 참조.

마침내 참된 "하나님의 어린양"이 도착하셨다!

(하지만 모든 백성에게는 세속적인 왕과 다름없었다.)[1]

이 날 예언이 성취되었다.

> "오 시온의 딸아, 크게 기뻐하라. 오 예루살렘의 딸아, 소리지르라. 보라, 네 왕이 네게 오시나니 그는 공의로우시며 구원을 지니셨고, 겸손하시며 나귀를 타시리니 나귀의 새끼인 어린 나귀니라."
>
> 스카랴 9:9

다음 날 예수님은 성전을 정결케 하셨다.[2] 많은 이들이 그 일로 주님의 통치가 시작될 거라고 생각했다. 그러나 그렇지 않았다!

예수님이 유월절에 예루살렘에 오신 진짜 이유를 아무도 깨닫지 못했던 것이다!

---

[1] 마태복음 21:9,15, 마가복음 11:9,10, 누가복음 19:38, 요한복음 12:13를 보라!
[2] 마태복음 21:12,13, 마가복음 11:11-18, 누가복음 19:45-48 참조.

---

[1] 출애굽기 12:3-6과 the Babylonian Talmud, Volume 4, Bavli Pesahim, Folios 92B-99A, 9:1, Sections I,2C-D를 보라!

[2] 마태복음 21:16-22:46, 마가복음 11:18-12:34, 누가복음 20:1-40 참조. 서기관들과 선임 제사장들, 장로들, 사두개인들, 바리새인들, 헤롯 당원들 중 아무도 주님에게서 어떤 죄도 찾지 못했다!

자신의 마지막 만찬 때, 예수님은 빵을 가지고...[1]

주목하라: 이것은 예수님의 실제적이 살이 아니었다! 첫째, 예수님께서 바로 그곳에 그들과 함께 계셨다! 둘째, 인육을 먹는 일은 하나님의 법을 대적하는 것이다![2]

예수님은 이교도적인 새로운 "빵 신" 종교를 시작하고 계시지 않았다! 주의 만찬은 주님께서 하신 일을 "기억"하는 것이다. 주님께 이제 막 일어나려 했던 일은 우리의 유익을 위해서 이뤄졌다.

예수님은 이제 곧 자신의 생명을 주시려 했다... 바로 우리를 위해서!

[1] 고린도전서 11:23-26, 마태복음 26:26-29, 마가복음 14:22-25, 누가복음 22:14-20 참조.
[2] 사도행전 10:14과 레위기 11장 참조. 인육은 "깨끗한 음식" 목록에 들지 않는다!

예수님의 희생

수시간 뒤, 예수님은 재판받으셨고, 정죄되셨고, 형을 선고받으셨으며...

...그리고 주님을 죽게 할 형틀을 옮기고 계셨다!

며칠 전만 해도, 예수님은 그들의 구주와 왕이셨지만,
이제 그들은 "그를 십자가에 못박으소서!"라고 소리질렀다.

며칠 전만 해도, 사람들은 소리쳤다.
"다윗의 아들이신 왕께 호산나!"
그러나 이제는 이렇게 소리쳤다.
"카이사 외에는 우리에게 왕이 없나이다!"

이것이 역사에서 가장 어두웠던 날이었으니
그때 하나님께서는 자신이 범하지 않은 죄들로 인해
죽임을 당하셨던 것이다...

우리는 사탄이 마침내 안도의 한숨을
내쉬었다고 상상할 수 있다.
그는 하나님의 어린양을 올려다보며 말했다:

[1] 누가복음 23:34 참조.

1 신명기 21:23 참조.
2 창세기 3:15과 본서 p.39,95,120,128 참조.

오후 3시, "저녁에"[1] 예루살렘의 각 가정은 자신들이 고른 순결하고 흠 없는 어린양을 잡아 희생제를 드리고, 그 양의 피에 우슬초 다발을 적셔...

...그 뒤 문 윗기둥과 양쪽 문기둥에 발라서...

십자가의 예언적 모형을 만들었다![2]

같은 순간,
예수께서는 하늘에 계신 아버지를 올려다보시며 소리지르셨다...

다 이루었다!

[1] 정오와 일몰의 중간 시간. 출애굽기 12:6-9과 민수기 9:3 참조.
[2] 출애굽기 12:7,22 참조.

다 이루었다!

갑자기 두껍게 짜인 성전의 휘장이 위에서 아래까지 찢어졌다. 보이지 않는 손이 "지성소"로 가는 길을 열어 놓으신 것이다.

> 아버지 하나님께서는 인류의 죗값을 치르기 위한
> 그분의 아들의 단번 속죄제를 영원히 받아들이셨다![1]

> 그리고 이것은 시작에 불과했다!
> 아무도 이후 3일을 잊지 못할 것이었다...

[1] 히브리서 9:12,26-28; 10:10-14, 베드로전서 3:18 참조.

같은 순간, 지진이 그 성읍을 강타했던 것이다.

우르르르!

...그리고 무덤들이 열리기 시작했다!¹

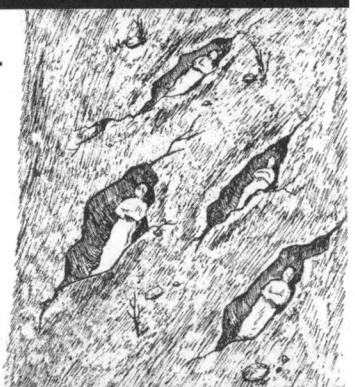

이것은 온갖 문제를 야기했을 것이다. 그들은 "무교절"이라 불리는 7일간의 거룩한 날들을 시작하고 있었고, 불결한 사람은 아무도 거기에 참여할 수 없었다. 만약 죽은 자들을 재매장하면 불결해질 것이다!² 그래서 유대인들은 그들을 거기에 앉아 있도록 놔 두었다.

그래도 괜찮았다. 하나님께서는 그들의 일을 마무리하시지 않았으니까!

---

¹ 마태복음 27:50-52a 참조. 52절의 후반부는 삼 일 뒤에 일어났다.
² 민수기 19:11-22 참조. 그들은 정확히 '칠 일' 동안 불결했다!

예수님의 희생

다음 순간, 예수께서는 조용히 말씀하셨다...

아버지시여, 내 영을 아버지의 손에 의탁하나이다.[1]

참으로 이 사람은 하나님의 아들이었도다![2]

"사람이 친구들을 위하여 자기 생명을 내어 놓는 것보다 더 위대한 사랑은 없나니."[3]

그러나 예수께서는 그분의 생명을 내어 놓으셨다... 그분의 원수들을 위해서!![4]

예수께서는 그분의 마지막 말씀을 마치셨을 때 고개를 떨구셨다...

... 그리고 주님은 죽으셨다. 그 뒤 그들은 그분을 장사지냈는데...

[1] 누가복음 23:46 참조.
[2] 마태복음 27:54, 마가복음 15:39 참조.
[3] 요한복음 15:13 참조.
[4] 로마서 5:6-8 참조.

그곳에 주님의 몸이 안치되어 있었다:

   수요일 밤,
      목요일,
         목요일 밤,
            금요일,
               금요일 밤,
                  토요일, 그리고 –

일요일 아침, 해가 떠오르기 전...

[1] 마태복음 12:38-40; 16:4, 누가복음 11:29,30 참조.
[2] 마태복음 27:62-66

선하신 분을 가둬 둘 수 없다

돌을 굴리고 그 위에 앉았던 것이다!
경비병들은 몹시 두려워서 기절했다![1] 부활하신 예수께서 무덤을
떠나신 뒤에는, 공포에 질려서 달아나 버렸다!

그들에게도 충분한 이유가 있었다! 예수께서 무덤에서 일어나셨을 때 다른 많은 사람들도 그리했기 때문이다![2] 열렸던 무덤들을 기억하는가?(p.138) 때문에 사람들은 분명 무서워 죽을 지경이었을 것이다!

그러나 아직 하나님의 일은 끝나지 않았다.

[1] 마태복음 28:1-8, 마가복음 16:1-9a, 누가복음 24:1-9, 요한복음 20:1-18
[2] 마태복음 27:51-53을 다시 읽으라!

예수님의 마지막 강론

부활하신 후 주님께 남은 시간은 짧았기에, 주님은 40일 동안 마지막 강론을 펼치셨다![1]

하늘과 땅에 있는 모든 권세를 나에게 주셨도다.[2]

너희는 온 세상에 가서 모든 피조물에게 복음을 전파하라.[3]

주님의 못 자국이 보이는구나.

믿는 자는 구원을 받을 것이나 믿지 않는 자는 정죄함을 받으리라.[4]

그러므로 너희는 가서 모든 민족들을 가르치고...[5]

이것이 전부가 아니었다! 그 뒤 예수께서는 사도들의 마음을 여셔서 성경 전체를 깨닫게 하셨다![6] 이 선택된 그릇들은 하나님의 전체 계획의 완벽한 의미를 알게 된 것이다.

500명이 넘는 사람들이 부활하신 예수님을 동시에 보았지만...[7] 그러나 최고의 순간은 아직 오지 않았다!

[1] 사도행전 1:1-3 참조.
[2] 마태복음 28:18 참조.
[3] 마가복음 16:15 참조.
[4] 마가복음 16:16 참조.
[5] 마태복음 28:19 참조.
[6] 누가복음 24:45 참조.
[7] 고린도전서 15:3-7 참조.

성전의 찢어진 휘장이 지성소로 가는 길을 열었듯이, 찢겨진 예수님의 몸은 하늘에 계신 아버지 하나님과 화해할 수 있는 길을 여셨다.[2]

이제 누구라도 아버지 하나님께 직접 나아갈 수 있으니, 오직 그분의 아들 주 예수 그리스도를 통해서만 가능하다. 다른 길은 없으니 마리아, 요셉, 부처, 또 다른 누구를 통해서도 불가능하며,[3] 오로지 예수님의 흘리신 피를 믿음으로써만 가능하다.

[1] 요한복음 14:6 참조.
[2] 히브리서 10:19-25 참조.
[3] 사도행전 4:12, 디모데전서 2:5 참조.

모든 제사장은 또 한 명의 인간일 뿐이다:

유대인 제사장들은 몇 가지 특징을 공유했다;
- 그들은 모두 죄를 지었다.
- 그들은 모두 죽었다.
- 그들은 모두 죽을 때까지만 제사장이었다.

그러나 예수님은 그 어떤 인간 제사장과도 다르시다!
- 그분은 결코 죄를 짓지 않으셨다.
- 그분은 죽으시고 부활하신 뒤에 대제사장이 되셨다!
- 그분은 결코 자신의 제사장직을 누군가에게 넘겨주지 않으셨다!

예수님이 우리의 유일한 대제사장이시다.[1] 그리고 그분을 믿는 우리 모두가 하나님의 제사장들이다![2] 우리 모두 동등하게 아버지 하나님께로 갈 수 있다. 왜 우리에게 예수님 이외에 다른 제사장이 필요하겠는가?

답: 우리는 필요하지 않다!

그러나 우리는 하늘로 가는 다른 사다리들이 있다고 들어 오지 않았던가?

[1] 히브리서 2:17,18; 4:14-16; 5:1-10; 6:20-7:28; 8:1-6; 9:1-28 참조.
[2] 베드로전서 2:5-10, 요한계시록 1:6; 5:10 참조.

그렇다. 온갖 부류의 "성도들"과 "천사들"과 "사도들"이 있으며, 그들은 "당신을 예수께로" 기쁘게 인도할 것이다. 많은 이들이 당신을 도울 그들만의 "하늘로 가는 사다리들"이 있다고 할 것이다.

그러나 결코 그들을 믿지 말라!

그들은 진짜 성도들과 사도들과 천사들이 아닌 것이다...

그들은 모두 위장한 마귀들이다!

그들에게 속지 말라! 그들의 목적은 당신을 속여 하늘로 가는 많은 길이 있다고 믿도록 하는 데 있다! 그것은 거짓말이다. 결국 우리는 모두 예수 그리스도의 보좌 앞에 서야만 한다. 그때 그분은 우리의 구주이시든지[3]...

우리의 심판주가 되실 것인데...

[1] 요한복음 10:7 참조.
[2] 요한복음 10:1 참조.
[3] 로마서 14:10, 고린도후서 5:10 참조.
[4] 요한계시록 20:11-15 참조.

"주여, 주여" 하는 자마다 다 구원받을까?

당신은 이 말씀을 듣고 싶은가?

이 "영적 거장들"은 종교 사기꾼들이었을 뿐이다!
이 거물들은 그들의 행위에 따라 그들을 심판하실 "거룩하고"
"의로우신" 하나님을 대면하게 될 것이다.[2]

하지만 당신은 이 말씀을 들을 필요가 없다...

[1] 마태복음 7:21-23 참조.
[2] 요한계시록 20:11-15 참조.

5장 요약

사탄은 큰 곤경에 빠졌다! 여자의 약속된 씨인 하나님의 아들께서 땅으로 오고 계셨기 때문이다. 사탄은 예수님을 증오하여 그분을 죽이고 싶었다. 그러나 하나님은 언제나 사탄보다 한 발 앞서 계셨다! 그래서 사탄은 두 번째 계획에 들어갔다.

사탄은 예수님을 "시험"했다. 그러나 그 일 역시 비참하게 실패했다. 문자 그대로 "모든 것"을 가지신 분께 무엇을 드릴 수 있겠는가? 주 예수께서는 마귀가 던진 모든 시험에 통과하셨고 "바빌론 종교"를 분명하게 "거절하셨다!"

그러나 마귀는 자신을 최후의 승리자로 여겼다. 자신이 예수님을 배반당하고, 재판받고, 매 맞고, 십자가에 처형당하게 했기 때문이다. 그는 또한 아버지 하나님이 그분의 아들을 저주하여 창세기 3:15의 예언이 성취되는 것을 중단시키기를 원했다. 그래서 사탄은 자기 딴에 예수님의 머리를 상하게 했고, 또 실제로 그런 것처럼 보였다!

삼 일 후, 주 예수 그리스도께서 죽은 자들로부터 살아나심으로 사탄의 계획은 무산되었다. 그 뒤 주님은 하나님의 말씀을 온 세상에 전파하도록 40일 동안 그분의 제자들을 준비시키셨다. 그리고 마지막에 돌아오시겠다는 약속과 함께 증인들이 보는 데서 하늘로 들려 올라가셨다.

예수님은 우리의 "위대한 대제사장"이시요, "양들의 문"이시며, "길이요 진리요 생명"이시다. "예수 그리스도"를 통하지 않고는 하늘나라로 갈 수 있는 다른 길이 없다. 우리의 모든 종교적 행위는 주님께 아무것도 아니다. 우리는 반드시 주님을 믿음으로써만 구원받을 수 있는 것이다!

사탄은 패배했다. 그러나 전쟁은 이제 시작되었을 뿐이다!

제6장
네로에서 콘스탄틴까지

그리스도인들을 박해하는 네로

복음은 꾸준히 전파되었고, 때는 A.D. 64년 여름...

그때 로마 전체가 맹렬한 불길로 화염에 휩싸여 6일 낮과 7일 밤 동안 도시의 거의 사분의 삼이 불태워졌다. 그때까지만 해도 기독교 신앙은 유대교의 한 분파로 여겨졌지만, 네로가 하프를 타면서 노래할 때 어떤 변화가 일어났다.

네로는 그리스도인들이 불을 질렀다고 재빨리 비난했다. 반응은 즉시 나타났다. 박해가 시작된 것이다. 네로는 그리스도인들을 화형에 처했고, 공개적으로 고문했으며, "바티카누스"[1]라고 하는 잘 알려지지 않은 언덕 위의 로마 원형 극장에서 장난삼아 살해했다.

로마 황제들은 늘어가는 성도들을 계속 학살했지만, 하나님의 말씀 역시 로마 제국 전체에 계속해서 퍼져 갔다! 사탄은 어찌할 바를 몰랐다! 그리스도인들을 막기 위해 그가 무슨 일을 할 수 있었을까?

한편 안티옥에서는...

[1] 부록 A에서 추가 정보 참조.

안티옥은 하나님의 말씀들이 모이는 곳이었다.

성경은 시리아의 안티옥이 제자들이 "그리스도인"[1]이라고 불린 최초의 장소였다고 말씀한다. 그곳은 또한 하나님의 말씀들이 모이는 장소였다. 우리가 현재 알고 있는 성경의 책들이 A.D. 120년 전에 그곳에서 수집되었고, 하늘 아래의 "모든 언어"로 번역될 준비를 하고 있었다.[2] 제국 각지에서 온 여행자들이 이 중요한 도시를 통과했다.

따라서 하나님께서는 거룩하게 보존된 그분의 말씀들을 안티옥에서 번역하기로 결정하셨다!

주여, 놀랍습니다! 그가 말씀을 완벽하게 번역하고 있습니다.!

물론... 내가 그를 돕고 있느니라.

A.D. 157년 즈음에는 구라틴 역본(과 기타 역본들)이 이미 유럽 전역에 보급되기 시작했다. 그 번역본에 대한 위원회의 결정 따위는 필요없었다. 오로지 신실한 성도들이 성경을 번역하고 사본을 만들었던 것이다!

예수께서 그분의 말씀을 지키셨다!

"하늘과 땅은 없어져도 내 말들은 결코 없어지지 아니하리라."[3]

만일 당신이 마귀라면 무슨 일을 하겠는가?

---

[1] 사도행전 11:26 참조.
[2] 다니엘즈, 〈로마 카톨릭과 성경〉(말씀보존학회, 2010), 2장 참조.
[3] 마태복음 24:35, 마가복음 13:31, 누가복음 21:33 참조.

"다시" 이집트를 이용하는 사탄

더 생각하면 뭐하나? 이집트로 돌아가라!

"그들은 스스로 현명하다고 말하나 우둔하게 되었고"
- 로마서 1:22

마귀는 한때 이집트인들을 이용하여 바빌론 이야기를 "다시 만들어냈다." 그것은 큰 성공이었다. 그러나 이제...

사탄은 이전에 했던 것보다 "훨씬 더 큰" 일을 하고 싶었다...

[1] 다니엘즈, 〈로마 카톨릭과 성경〉(말씀보존학회, 2010), pp32-39.
[2] 창세기 6:1-8 참조.

콘스탄틴보다 모호한 사람은 아무도 없었다! 그가 "같은 이야기"를
다른 사람들에게 "아마 그랬을 것이다"라는 식으로 전하자,
각 사람은 환상의 의미를 제각각 품게 되었다!

얼마 안 있어, 온갖 종류의 다른 십자가들이 고안되었고,
각 십자가는 "콘스탄틴의 십자가"라 불리게 되었다.

믿거나 말거나, 이것들은 변형된 이교도 상징들이었다![1]

콘스탄틴은 두말할 필요도 없이 이교도였던 것이다!

[1] 부록 A에서 기독교 이전의 상징들에 대한 추가 정보 참조.

콘스탄틴은 태양 신을 숭배했다. - 아들 하나님을 숭배한 게 아니었다!

2년 전인 A.D. 310년, 그는 자신이 태양 신 아폴로의 환상을 보았다고 주장했고, 그를 섬길 것이라고 공개적으로 맹세했다. 그리고 사탄이 막센티우스에 대한 승리를 안겨주자마자, 그는 그 제단으로 다시 갔는데 목적은...

승리에 대해 예수 그리스도가 아닌 아폴로에게 감사하기 위해서였다![1]

고대의 기록들에서 우리는 콘스탄틴이 다양한 형태의 태양 신들 중 미트라스(로마 군인들에게 인기 있던 페르시아 신)와 솔 인빅투스, 헬리오스, 아폴로를 숭배했음을 알 수 있다.[2] 물론 우리 모두는 이 모든 태양 신들이 누구였는가를 안다. 세미라미스의 아이 "탐무스"였던 것이다!

그러나 그는 이제 곧 새 이름으로 숭배되려고 한다!

---

[1] Michael Grant, Constantine the Great(1993), pp.131,132와 James Carroll, Constantine's Sword(2001), pp.180,181 참조.

[2] 상세한 내용을 위해 부록 A의 p.155 관련 미주 참조.

사탄은 콘스탄틴의 귀에 대고 속삭였다...

점진적인 변화가 일어나기 시작했다.

"태양 신" 대신, 사람들은 "예수 그리스도"라 불리는 한 신을 숭배하기 시작했고, 이것이 그리스도인들을 기쁘게 했다...

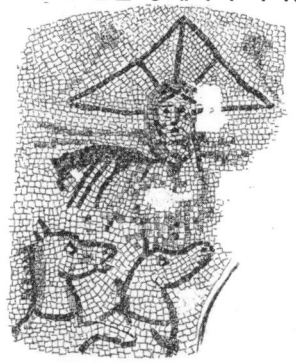

- 하지만 그것은 "진짜" 예수 그리스도가 아니지 않았던가?

전차를 타고 하늘을 가로질러 가는 태양 신으로 묘사된 예수. 바티카누스 언덕의 3세기 석관들에서 발견.

콘스탄틴이 A.D. 313-321년에 주조한 이 동전은 "SOLI INVICTO COMITI (내 무적의 동반자인 태양에게)" 라고 쓰여 있다.

큰 변화들이 진행되고 있었다.
콘스탄틴은 로마의 "새" 바빌론 종교를 형성하기 시작했던 것이다.

카톨릭 체계를 창출하는 콘스탄틴

콘스탄틴은 일찌감치 A.D. 313년에 "교회들"이 자신의 통제 하에 있다고 믿었다...[1]

그 교회들이란 바로 "카톨릭" 교회들을 말하는 것이다!

이제 콘스탄틴은 대중을 개종시키기 시작했다.
으음... 그의 교회는 왜 그토록 빠르게 성장했을까?

그리고 그의 권세는 계속 커져 갔다.

[1] Grant, Constantine the Great(1993), pp.156-186와 Carroll, Constantine's Sword(2001), pp.184-193 참조.

카톨릭 체계를 창출하는 콘스탄틴

콘스탄틴은 계속 더 많은 법들을 통과시켰다...

콘스탄틴은 이 초기 카톨릭 종교의 지배자가 되었다. 그러나 카톨릭교도들에게 호의를 보이기 위해, 그는 모든 참된 그리스도인들과 유대인들을 억압하고, 강제로 하나님의 법 대신 인간의 법에 복종하도록 해야 했다!

사탄의 새 교회는 유대인들을 향한 증오를 나타냈다.

그 뒤 사탄은 성경대로 믿는 사람들을 공격했으니...

---

[1] 다니엘즈, 〈로마 카톨릭과 성경〉(말씀보존학회, 2010), pp.48,49 참조.

6장 요약

사탄은 그리스도인들을 박해하고 살해하는 것으로는 복음이 전파되는 것을 막을 수 없었다. 또한 주 예수 그리스도께서 그분을 믿는 모든 사람을 용서하고 구원하신다는 것이 온 세상에 전파되는 것을 막기에도 역부족이었다.

시리아의 안티옥에서는 하나님의 말씀들이 "정확한 역본들"과 그 역본들의 "온전한 사본들"로 "신실하게 보존되고" 있었다. 100년도 안 되어 그 말씀들은 제국 전체에 보급되었다.

따라서 사탄은 "이집트"로 돌아가 자신의 "학자들"을 이용하여 "성경을 고쳐 썼다." 그들은 하나님의 말씀들을 제거하고 괴물 같은 새로운 성경을 만들어냈다. 이것이 미래의 변개된 성경들의 토대가 되었다.

이제 그는 이집트와 로마를 "연결해" 태양 신과 기독교를 통합할 인물이 필요했다. 그 자가 "콘스탄틴"이었다. 콘스탄틴은 태양 신을 숭배했지만, "종교적인 정치인"이었기에 사탄이 구할 수 있는 최상의 조합이었다! 그는 곧 태양 신 숭배로 제국을 결속시켰으며, 태양 신을 "예수"라 이름 지었다.

성경대로 믿는 사람들과 유대인들을 제외하고는 모두가 그에 속아 넘어갔다! 그리스도인들은 로마에서 도망쳤다. 유대인들은 그리스도를 살해한 자들이라며 박해를 당했고, 마귀는 이를 기뻐했다. 그러나 바빌론 종교를 변형시키려면 여전히 조치를 한 가지 더 취해야 했는데...

"세미라미스"가 전체 쇼를 진행해야 했던 것이다!

제7장

부활한 바빌론 종교!

이를 위해, 사탄은 "모든" 종교로부터 무언가가 필요했다.

주목: 이 그림은 크게 단순화된 것이다. 사탄은 여기에 그릴 수 있는 것보다 훨씬 많은 나라들에서 이끌어냈다.

그 후 그는 그 모든 쓰레기들을 바티칸 속에 함께 쏟아 부었다.

완전히 새로운 "기독교 같은" 종교야 나와라, 얍!

이제 당신은 사탄이 그 모든 것을 어떻게 맞추었는지 볼 것이다.

"예수"의 변신   169

[1] 익숙해 보이는가? 그렇지 않다면, p.97을 다시 읽도록 하라! Jack T. Chick의 〈연막〉(말씀보존학회)도 참조하라.

주목: 우리는 카톨릭 체계를 신성모독하고 있지 않다. 그들이 예수님을 신성모독하고 있는 것이다! 이 중요한 사실을 기억하라...

모든 우상 뒤에는 마귀가 있다![1]

바로 이 순간 전 세계의 남녀노소가 카톨릭이 "예수"라 부르는 "빵 신"을 받아먹고 있다. 그들은 그것에 절하고, 그것에 기도하고, 그것에 말하고, "그것을 먹어치운다." 자신들이 "그리스도를 영접했다."고 믿으면서.

그러나 이보다 더 진리와 무관한 것도 없다!

그들은 마귀들에게 참여하고 있는 것이다(고전 10:21).

이 모든 우상들은 주님께 가증한 일이다.[2]

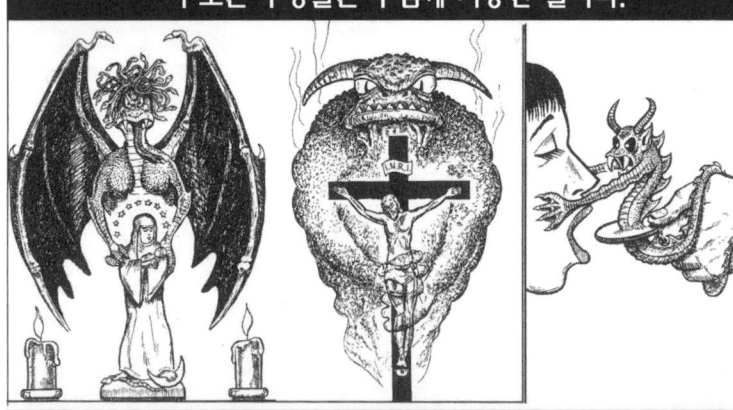

그리고 더 많은 가증한 일들이 매일 저질러진다...

[1] 신명기 32:16,17, 시편 106:36-38, 고린도전서 10:19-21, 요한계시록 9:20을 다시 읽으라. 그것들은 부록 A의 p. 96에 대한 주석에도 있다.
[2] 레위기 26:1, 신명기 7:25,26; 27:15, 고린도전서 5:11; 6:9; 10:7,14, 데살로니가전서 1:9 참조.

창녀들의 어미

바티칸은 내 꺼야...

...또 그녀의 모든 딸들도 내게 속해 있지!!

내 바빌론 종교는 땅의 모든 민족들을 연합하여...

아버지 하나님과 그의 아들 예수 그리스도를 대적할 것이다!

이번엔 실패할 수 없다!

"이는 모든 민족들이 그녀의 음행으로 인한 진노의 포도주로 취한 까닭에 땅의 왕들이 그녀와 더불어 음행하였고 또 땅의 상인들은 그녀의 사치의 풍요함으로 부유하게 되었음이라." - 요한계시록 18:3

그녀는 또한 "창녀들 (거짓 종교들)의 어미"로 알려져 있다...[1]

그녀는 한 독특한 작은 종교의 어미이기도 한데, 그것은...

[1] 요한계시록 17:5 참조.

---

[1] Robert Morey, The Islamic Invasion(1992), pp.40,41; Ergun & Emir Caner, Unveiling Islam(2002), pp.40,60; 알베르토 시리즈 중 〈거짓 선지자〉(말씀보존학회), pp.12,13,17 참조.

[2] Turner & Coulter, Dictionary of Ancient Deities(2000), p. 432 under "Sin" 참조.

아라비아의 세미라미스

그때 마호메트가 알라의 "선지자"가 되었다...

이것이 알라의 최종 계시다!

코란은[1] 자신을 천사 가브리엘이라[2] 부른 한 마귀에 의해 마호메트에게 주어진 환상들을 모아 편집한 것이다.

사탄은 싸우고 죽이는 폭력적인 종교, 남성이 세계를 지배하는 데 맞춰진 새 종교를 세웠다.

오오! 알라는 나의 주이십니다...

오오! 나는 알라의 노예입니다.

무슬림 "예수"

코란 3:46-59; 19:30-32.

코란과 하디스(마호메트의 말을 모아놓은 전집)는 심지어 예수께서 그 이교도의 달 신인 알라를 섬겼다고까지 말한다!

어떻게 여신이 이 종교에 슬며시 들어올 수 있었을까?

답: 쉽다!!
"동정녀 마리아"로서!!

믿거나 말거나, 코란과 하디스는 마리아가 모든 죄에서 자유로워[3] "완벽함의 경지에 이른"[4] 미혼의 처녀였다고[5] 말한다.

"마리아"가 열쇠인 것이다!!

---

[1] 코란에 관해 더 알고 싶다면, Morey, Islamic Invasion, chapters 8-10 & the Caners' Unveiling Islam, chapter 4 참조.

[2] 천사가 아닌 마귀가 마호메트를 인도했다. 갈라디아서 1:6-9을 읽으라.

[3] 〈코란〉, 수라 3:42; 5:75 & Tetlow 외 2인, 〈모든 것의 여왕 마리아〉(말씀보존학회) 참조.

[4] The Hadith of Sahih Bukhari, Volume 4, Book 55, #642,643 참조.

[5] The Caners' Unveiling Islam, pp.203,213,215 참조.

그러나 사탄은 또 다른 속임수를 몰래 준비해 두었다:

초승달과 비너스를 주목하라.

마호메트는 좋아하는 딸이 있었는데, 바로 "파티마"였다. 그는 그녀가 "낙원에서 최고의 여인"이라고 했다. - 물론 마리아 다음이다![1]

마호메트와 파티마

따라서 (동정녀 마리아로서의) 세미라미스가 포르투갈에서 모습을 나타냈을 때, 당신은 사탄이 어떤 "도시"를 "기적"을 위해 선택했다고 생각하는가?

맞다! 바로 "파티마"이다!!

세미라미스는 그들을 완전히 지배했다! 그들은 "전 세계에 있는" "동정녀 마리아" 성지를 방문하기 시작한 것이다![2]

마리아의 환상을 봤어요!

나도요!

그리고 나도!

파티마의 성모여, 당신을 찬양합니다! 진실로 우리를 사랑하십니다!

이제 한번 맞춰 보라:

사탄은 이슬람과 로마카톨릭을 어떻게 연합시킬까?

---

[1] Martin Lings, Muhammad: His Life Based on the Earliest Sources(1983), p.329; Tetlow 외 2인, 〈모든 것의 여왕 마리아〉, 알베르토 시리즈 중 〈거짓 선지자〉, p.27, Don Sharkey, The Woman Shall Conquer(1976), p.164 참조. 또한 the Hadith of Sahih Bukhari, Vol. 4, Book 56, #819 참조 (부록 A의 인용문 참조).

[2] Francis Johnston, Fatima: The Great Sign(1980), Chapter 13 & Tetlow 외 2인, 〈모든 것의 여왕 마리아〉, 3장 참조.

아라비아의 세미라미스

"마리아의 환상들" 외에 또 무엇이 있는가?

"코란"은 "마리아와 그녀의 아들"이 "표적"이며, "알라"가 세상이 끝나기 전에 "무슬림들"이 알아볼 "표적들"을[1] 줄 것이라고 말한다.[2]

1917년 10월 13일, "파티마" 위의 "태양"이 하늘에서 떨어졌다가 되돌아가는 듯한 현상을 70,000명이 지켜봤다.

이로써 많은 이들이 카톨릭이 되었다!

파티마의 세 목동 아이들과 "마리아"와 "춤추는 태양"

사탄은 "동정녀 마리아"가 "무슬림들"을 "바빌론 종교"로 데려오는 열쇠임을 알고 있다:

> 그리스도의 재림 전, 마리아께서는 불신자들이 카톨릭의 믿음을 갖게 하기 위하여... 이전보다 더 빛나셔야만 합니다. 마리아께서는 이교도들과 마호메트 교도들에 대한 그리스도의 통치를 확장하실 것입니다...[3]

"성인" 아그레다의 마리아
17세기 카톨릭 신비주의자

> "선교사들"은... "무슬림들" 가운데서 "파티마의 성모를 전파하는 일"에 "성공할" 것입니다.

> ...[이슬람은]... "하나님의 어머니를 공경하도록" "무슬림들"에게 요구함으로써... "결국 기독교로 개종할 것입니다."[4]

대주교 풀턴 J. 쉰(1895-1979)

그리고 도처에서 전파되는 많은 "마리아들"이 있다...

---

[1] 〈코란〉, 수라 21:91-93; 23:50-54 참조.
[2] 전조(portents)라 불리기도 함. 〈코란〉, 수라 27:93; 41:53; 54:1,2 참조.
[3] 부록 A에서 전체 인용 참조. 또한 Tetlow 외 2인, 〈모든 것의 여왕 마리아〉, pp.35,36 참조.
[4] Fulton Sheen, The World's First Love: Mary, Mother of God(1952), Chapter 17 참조.

전 세계적으로 각 문화와 언어에 맞춘 "동정녀 마리아" 여신이 있다.

땅은 많은 마리아들로 채워져 있다.
즉 아시아, 아프리카, 라틴 아메리카 마리아... 모든 이를 위한 어떤 마리아!

...당신이 교황에게 속해 있는 한!!

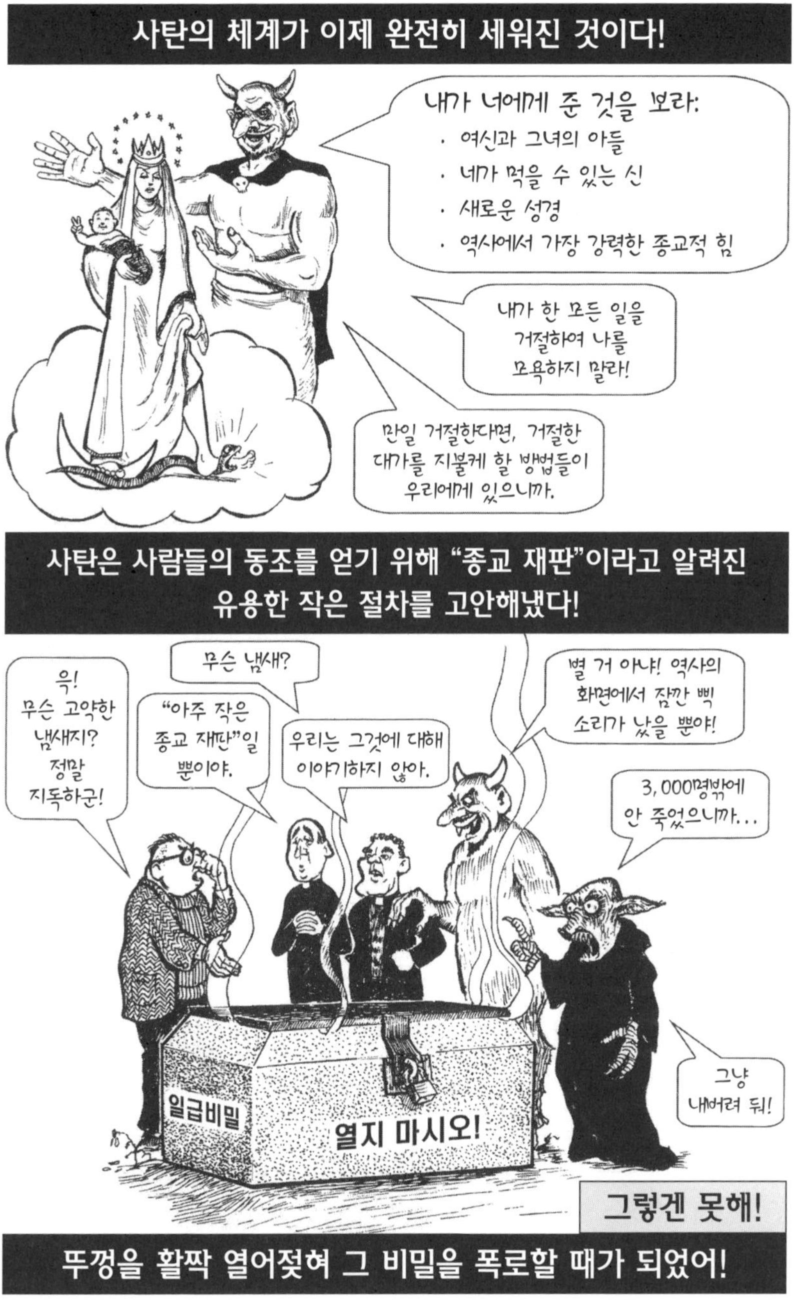

"아주 작은" 종교 재판

사탄의 살인자들은 그들의 피의 작업을 시작했다.

종교 재판은 1200년대 초 매우 은밀한 작전으로서 시작되었다. 어떤 뉴스 매체도 이 종교적 테러리즘을 폭로하지 못했다. "조용한 속삭임들"만이 이 "비밀 경찰"의 고요를 뚫고 지나갔다. 그들은 밤낮을 가리지 않고 아무 때나 잡으러 왔다.

아무도 감히 이 살인 기계를 반대하지 못했다.

교황들은 이것이 "하나님께 속한" 일이라고 했지만... 어떤 하나님인가?

나폴레옹 보나파르트
(1769-1821)

A.D. 1220년과 1809년 사이에, 마리아와 예수로 교묘하게 변장한 세미라미스와 탐무스에게 절하고 경배하기를 거부하는 이들에게 이루 형용할 수 없는 범죄들이 저질러졌다.

하나님께서는 나폴레옹을 들어쓰셔서 종교 재판의 고문들을 중지하라는 명령을 내리게 하셨다. 그러나 그 명령은 한 대령이 두 명의 종교 재판소 경비병들에게 공격을 받기까지는 수행되지 않았다! 2개의 연대가 그들의 카톨릭 요새 바깥에 모인 것이다.

그것은 종교 재판에 대한 "전쟁"이었다!

[1] 이어지는 이야기는 Jean Paul Perrin의 History of the Old Albigenses(around 1618), Book 2 Appendix(found in Agnes Software's Master Christian Library)에서 발췌함.

"아주 작은" 종교 재판

마드리드에서 5마일 떨어진 곳에 나폴레옹의 군대가 접근했다...

그런데 그곳 보초병이 "갑자기" 군인 중 하나를 총으로 쏘았다! 그 군대는 공격할 수밖에 없었다. 군인들이 공성 망치를 사용해 성으로 들어가려고 하자 "꼭꼭 숨어 있던 군대들"이 곧 발포하기 시작했다.

믿기지 않는 일이 벌어졌다!

"종교 재판소 장군"과 그의 "고해신부들"은 "아무 일도 일어나지 않은 척했던" 것이다!

그들은 고문 도구들을 찾는 데 실패했지만, 대령은 거기서 끝내지 않았다. 바닥에 물을 쏟으라고 명령했고, 물이 아래로 스며드는 곳에서 성 밑으로 내려가는 숨겨진 문을 발견한 것이다!

당신은 그들이 발견한 것을 믿지 못할 것이다!

...그리고 우리 역시 당신에게 보여 주지 않으려고 한다!

군인들이 발견한 것은 너무도 끔찍해서 이 책에 쓸 수 없다. 마귀의 마음을 가진 자만이 그런 "상상할 수도 없는 고문들"을 생각해 낼 수 있는 것이다! 그 일은 스스로를 "기독교 조직"이라고 부르는 "로마 카톨릭 체계"에서만 가능하다.

그것은 완전히 미친 짓이었다!

종교 재판은 어떤 호의도 보여 주지 않았다. 아이들을 어머니의 품에서 억지로 떼어놓았고, 아이를 밴 여인들은 말로 다 표현 못할 고통을 당했다.

...그러나 아무도 자비를 구하는 절규에 귀기울이지 않았다.

예수님께서는
"너희 원수들을 사랑하고,
너희를 저주하는 자들을 축복하며,
너희를 미워하는 자들에게
잘해 주고, 너희를 천대하고
박해하는 자들을 위하여
기도하라."고 말씀하셨다.[1]

자, "이것"이 "사랑"처럼 보이는가?

[1] 마태복음 5:44 참조.

나폴레옹의 병사들이 이후에 한 일은 종교 재판의 기세를 꺾어버렸다! 그들은 14세에서 70세에 이르는, 모두 벌거벗겨진 채 사슬에 묶여 고문당하던 사람들을 풀어주고 옷을 입혀 한낮의 빛 속으로 조심스럽게 데리고 나갔다. 그 수천 명은 "종교 재판소"가 더 이상 존재하지 않을 거라는 말을 듣게 되었다!

이후 들려온 소리들은 그 성이 폭파되는 소리와, 성이 사람들의 눈앞에서 산산이 폭파될 때의 천둥 같은 "할렐루야" 소리였다.

A.D. 1220년과 1809년 사이, 5천만 명이 넘는 사람들이 그리스도를 위해 순교했다.[1]

종교 재판은 이제 끝난 것일까?
그런 말은 믿지 말라!
"요한계시록의 짐승"이 그 추한 얼굴을 치켜들려고
숨어 기다리고 있기 때문이다.

오늘날 거의 모든 종교적, 정치적, 경제적,[2] 심지어 복음주의적 조직들이 **"로마"의 축복을 구하고 있다.**

따라서 "실제로" 누가 권력을 쥐고 있는 것인가?

[1] 온라인으로 이용 가능한 David Plaisted의 "Estimates of the Number Killed by the Papacy in the Middle Ages" 참조.

[2] 눈이 휘둥그레지는 사실을 보려면, F. Tupper Saussy, Rulers of Evil(1999), pp.1-4 참조.

땅의 왕들도 그녀와 더불어 음행하였고 땅에 사는 자들도
그녀의 음행의 포도주에 취하였도다. - 요한계시록 17:2

"또 내가 보니, 그 여자가 성도들의 피와 예수의 순교자들의 피에
취하였더라. 그러므로 내가 그녀를 보고 크게 의아해 하며 놀랐노라"
- 요한계시록 17:6

"선지자들과 성도들과
이 땅에서 살해된 모든 사람의 피가
그녀 안에서 보였느니라."
- 요한계시록 18:24

..."그것"이 바로 사탄이 그녀를 고안해 낸 이유이다!

주 예수께서는 이 "악한 체계,"
즉 "땅의 왕들을 다스리는 큰 도성"을 증오하신다.
따라서 주님은 그분의 재림 전에 그녀를 멸망시키실 것이다.[1]

"큰 바빌론이 무너졌도다, 무너졌도다,
마귀들의 거처가 되었고 온갖 더러운 영의 소굴이요,
모든 더럽고 가증한 새의 소굴이로다."
- 요한계시록 18:2

어느 날 모든 하늘이 소리칠 것이다.
"이는 그분의 심판이 참되고 의롭기 때문이며
또 그분께서 그녀의 음행으로 땅을 타락케 한
그 큰 창녀를 심판하셔서 그의 종들의 피를
그녀의 손에서 갚아 주셨기 때문이라" - 요한계시록 19:2

그리고 바빌론 종교는 "더 이상" 존재하지 않을 것이다!!

[1] 요한계시록 17:16에서 18장까지 참조.

> 흑암의 권세들이 이 교황의 권좌 뒤에서 다스리고 있다.
> 그들은 셀 수 없이 많은 소중한 혼들을
> 불못 속으로 이끈 것이다.

 이 모든 아름다움과 화려한 의식은 당신에게 "종교적 희열"을 느끼게 할지 모르지만, 당신의 영원을 희생시킬 것이다. 당신은 이 "종교적 괴물"로부터 달아나 "하나님의 아들이신 주 예수 그리스도의 품"으로 뛰어들어가야 한다. 하늘나라냐, 지옥이냐의 선택은 당신에게 달려 있다.

> "수고하고 무거운 짐진 자들아, 다 내게로 오라.
> 그러면 내가 너희에게 쉼을 주리라" - 예수 그리스도(마태복음 11:28).

> "올바른 선택"을 하는 당신을 하나님께서 복 주시기를...

7장 요약

세상은 남신과 여신 숭배로 가득했다. 사탄은 그 모든 것을 다시 모아 "하나의 세계 종교"로 만들 필요가 있었다. 그래서 그는 "모든" 종교들의 관점들을 결합시켜 "새로운" 독립 종교를 만들어 냈다. 그런데 "오직 한 가지만 달랐다."

이제 그것은 "기독교"라고 불렸다! "콘스탄틴"이 그것을 시작하여 그의 "태양 신"을 "가짜 예수"로 만든 뒤로, 모든 "여신"을 "마리아의 환상들"로 만드는 일은 어렵지 않았다. 그 뒤 모든 다른 신들은 성인들과 천사들이 되었다. "그것은 실패할 염려가 없는 체계였다!"

이제 사탄이 해야 할 일은 가짜 "예수"와 "태양"과 그가 좋아하는 "빵"을 하나로 연결시키는 것뿐이었다. "답"은 빵 신으로서의 "예수"! 카톨릭교도들은 "빵 (또는 아이) 신"과 그의 "권세 있는 어머니"를 기꺼이 숭배했다!

이보다 더 좋을 수는 없었다! 이교도들이 모두가 이 "기독교의" 남신과 여신을 기꺼이 숭배하고자 했기 때문이다! 그리고 사탄이 그의 바빌론 종교를 "완성한" 뒤로, "세상"은 기꺼이 "교황"의 발 앞에 엎드려 "그의 명령을 이행해" 왔다.

그러나 "모든 이"가 "아무" 체계나 따를 준비가 되어 있는 것은 아니다...
특히 성경대로 믿는 사람들은 그렇지 않다!
종교 재판은 바로 그 때문에 일어났다.
그 새로운 영적 바빌론인 로마는 수없이 많은 혼들의 피에 대해 유죄이다.

"예수"께서 "바빌론 종교"를 "심판하실" 것이다...

그리고 그녀는 자기가 저지른 죄들에 대해 대가를 단단히 지불할 것이다!

결론

이제 당신은 가짜 바빌론 "여신"인 세미라미스가
어떻게 로마카톨릭의 "동정녀 마리아"가 되었는지 이해할 것이다.

차이점이 무엇인가?

"하늘의 여왕"은 실로 "뱀"이다. 그녀는 아름답지만 치명적이다.
그녀에게서 달아나지 않으면 그녀가 당신을 파멸시킬 것이다!

"주 예수 그리스도를 믿으라.
그리하면 너와 네 집안이 구원을 받으리라" – 사도행전 16:31

예수님의 초청

"그리스도인"이면서도 "여전히" 바빌론 종교에 머물고 있다면 주 예수 그리스도께서 당신에게 명령하신다:

[1] 요한 계시록 18:4,5 참조.

주 예수 그리스도께 순종하라. "로마를 떠나라!" 이것이 "최후의 초청"일 수도 있다.

부록 A:

권말 주석

▶ 29페이지

후와와의 머리. 동물 내장으로 만든 "후와와의 얼굴"은 점을 치는 안내자 역할을 했다. 어떤 짐승을 절단하면 그들은 (후에 앗시리아인들이 홈바바 또는 쿰바바라 부른) 이 후와와 상(像)을 내장이 놓여진 방식에 의해 현재와 미래의 비밀을 결정하는 데 사용했다. Michael Roaf의 Cultural Atlas of Mesopotamia & the Ancient Near East(1990), p.76과 Gwendolyn Leick의 Mesopotamia: the Invention of the City(2001), Illustraion #19를 보라. 후와와의 전체 신체 그림을 보려면, Philip Wilkinson의 Illustrated Dictionary of Mythology(1998), p.25를 보라.

백향목 숲. 자그로스 산맥의 백향목 숲에 관한 정보를 얻으려면 http://www.kurdistanica.com/english/enviro/ecology.html을 참조하라.

▶ 38페이지

창녀와 "동정녀 여왕." 여러 형태의 세미라미스가 난교의 여성으로서, 또 동정녀로서 숭배되었다! 예를 들어, Hislop의 The Two Babylons와 Turner & Coulter의 Dictionary of Ancient Deities를 참조하라. 두 가지 모두 셀 수 없이 많은 여신(세미라미스-이슈타르, 이난나의 형태들)에 대한 아주 많은 참고 자료를 담고 있는데, 그 여신들은 육체적으로 음탕한 여인들로서, 또 동정녀들로서 숭배를 받았다. 더욱이 그들에 대한 경배는 대개 창녀들을 포함했다(p.59 참조). 이러한 사실들은 쉽게 발견된다. 색인으로 가서 본서 3장에 열거된 여신들의 이름 아래서 찾아보라(p.59에 대한 권말 주석도 참조하라).

▶ 52페이지

탐무스(두무지, Dumuzi)와 결혼한 세미라미스(이난나-이슈타르). 그녀는 자신의 아들이 실제로 그녀의 환생한 남편이라고 주장했기 때문에, 그녀는 '정의하자면' 그와 "결혼한" 것이 되어야 한다. 그들이 실제로 결혼식을 올렸든지 안 했든지 간에 그래야만 된다. 그러나 우리는 단순하게 논리에 의존할 필요는 없다. 고대 문헌들과 현대의 조사자들은 이난나(또는 이슈타르)가 탐무스와 결혼했다는 데에 거의 만장일치의 의견을 보이고 있다(본서의 '주석을 단 참고 문헌 목록'에 열거된 책들을 검토하라). 몇 가지 고대 문헌의 예들을 보려면, 옥스퍼드 대학의 "The Electronic Text Corpus of Sumerian Literature"(http://etesl.orinst.ox.ac.uk/)를 참조하라. 350가지가 넘는 수메르 문학 작품들이 우리가 읽을 수 있는 영어로 온라인 상에 음역되고(발음을 목적으로 영어 음성기호들로 바뀌고) 또 번역되어 있다. 이난나-이슈타르와 두무지(세미라미스와 탐무스)에 관해 말해 주는 몇몇 작품들은 "Inana' Descent into the Underworld," "Dumuzid and Jeetin-Ana," "Dumuzid and His Sisters," "Dumuzid's Dream," "Inana and Bilulu"이다. 이 작품들은 지금까지 발견된 '수천' 가지의 문서들 중 일부에 불과하며, 그것도 수메르어로만 기록되어 있다. 아카드어와 앗시리아어, 바빌론어로 된 고대 점토 문서들도 있다는 것을 잊지 말라. 바빌론 종교의 발전에 관한 정보는 결코 부족하지 않다.

▶ 53페이지

이난나와 두무지에 관한 고대 신화들. 52페이지에 관한 주석을 참조하라.

▶ 55페이지

야생 멧돼지에 죽임당한 탐무스. 우리는 이것을 아도니스, 프리기아의 아티스, 바쿠스의 신화들에서 볼 수 있다. Hislop의 The Two Babylons, pp.99-101,273를 참조하라.

▶ 59페이지

이난나-이슈타르 이교. 이슈타르(또는 이난나)의 이교가 고대 국가들에서 무성했던 것은 부분적으로 그것의 숭배 방식, 곧 숭배 의식으로서의 매춘 때문이었다! 그들은 창녀와의 종교 의식적 관계가 이슈타르(세미라미스)를 경배하는 형태라고 가르쳤다. 이러한 고대의 성도착으로부터 "풍요신 숭배 의식"의 개념이 전 세계로 퍼져 갔다. 그들은 여인의 다출산을 땅이 결실을 많이 맺는 것과 연결시켰고, 때때로 난교 파티를 열곤 하면서 그 일을 "신들"이 기뻐할 것이기 때문에 그 땅이 좋은 작물을 자라게 할 것이라고 스스로 믿었다. 이슈타르와 이난나에 관한 추가 정보를 원한다면 아래의 자료들을 참조하라.

- Turner & Coulter의 Dictionary of Ancient Deities(2000), p.242
- Elinor Gadon의 The Once & Future Goddess(1989), pp.112,115,118. (그러나 그것을 읽기 전에 여성해방주의 예술의 역사에 관한 경고를 읽으라! 본서의 '주석을 단 참고 문헌 목록'을 참조하라.)
- Baring & Cashford의 The Myth of the Goddess: Evolution of an Image(1991), Chapter 5와 그 책 전체(본서의 '주석을 단 참고 문헌 목록'의 분석 심리학적 관점으로부터 이 책에 관한 경고를 읽으라.)

"이난나"와 "이슈타르" 용어들에 관한 주석. 이 두 이름은 아주 많은 작가들에 의해 동일 인물로 여겨지고 있기 때문에 현대의 많은 저자들은 세미라미스를 단순히 "이난나-이슈타르"라고 언급한다. 그러나 본서에서는 대부분의 경우 "세미라미스"를 고수하는데, 그 이유는 다음과 같다.
1) 그녀는 보편적으로 님롯의 아내로 인식되고 있다.
2) 이 주제에 관한 "최고의" 책들 중 하나인 Alexander Hislop의 The Two Babylons에서 가장 많이 사용되고 있다.

▶ 67페이지

태양 신은 12월 25일에 태어났는가? 이 질문에 대한 답변은 매우 중요하다. James George Frazer 경은 그리스도인이 아님에도 The Golden Bough(1922)라는 유명한 책을 썼다. 그 책 37장에서 그는 자신의 사례를 꽤 강력하게 기술했다.

> 사실 이 두 신앙[미트라교와 현재 우리가 로마카톨릭이라 부르는 것] 사이의 충돌 문제는 얼마간 균형을 유지하는 듯했다. 장기간의 투쟁이 남긴 교훈적인 흔적이 우리의 크리스마스 축제에 보존되어 있는데, 그 축제는 교회가 자신의 이교도 경쟁자에게서 직접 차용해 온 것으로 보인다. 율리우스력에서는 12월 25일이 동지로 계산되었다. 그리고 이 날은 태양의 탄생일로 여겨졌는데, 이는 그 한 해의 전환점에서부터 해가 점점 길어지고 태양의 힘이 강해지기 때문이다. 시리아와 이집트에서 기념되었던 것으로 보이는 그 탄생 의식은 장관을 이루었다. 의식 거행자들은 속세에서 벗어난 어떤 신전으로 찾아들어가 거기서 한밤중에 큰 소리로 "동정녀께서 아기를 낳으셨다. 빛이 커지고 있다."고 외쳤다. 이집트인들은 심지어 새로 탄생한 태양을 유아의 형상으로 표현하기까지 했는데, 그들은 그 형상을 태양의 탄생일, 곧 동지에 가지고 나와 그의 숭배자들이 볼 수 있게 전시했다. 이와 같이 한 아들을 임신하여 12월 25일에 낳은 그 동정녀는 셈족이 '하늘의 동정녀' 또는 단순하게 '하늘의 여신'이라고 부른 '동양의 위대한 여신'이었음에 의심의 여지가 없으며, 셈족의 땅들에서는 아스타르테의 형태를 지녔다.

이제 미트라는 그의 숭배자들에 의해 '태양,' 즉 그들이 불렀던 대로 '무적의 태양'과 동일시되었고, 따라서 그의 탄생일 또한 12월 25일이 되었다. 신약성경의 사복음서는 그리스도의 탄생일에 대해 아무 말씀도 하지 않기 때문에, 초기 교회는 그것을 기념하지 않았다. 그러나 시간이 흐르면서 이집트 기독교인들이 1월 6일을 예수의 탄생일로 생각하게 되었고, 그날 구주의 탄생을 기념하는 관습이 서서히 퍼져 나가 결국 4세기경 동방에 보편적으로 확립되었다. 그러나 서방 교회는 1월 6일을 예수의 탄생일로 인식한 적이 없는지라 3세기 말 또는 4세기 초에 12월 25일을 진짜 탄생일로 채택했고, 이윽고 그 결정은 동방 교회에서도 받아들여졌다.(p.416)

[로마의 종교가 콘스탄틴이 로마의 황제가 되었을 때(A.D. 312-337)와 같은 시기에 12월 25일을 수용하기 시작한 것은 결코 우연의 일치가 아니다! 황제로서, 또 "폰티펙스 막시무스(Pontifex Maximus)"와 "감독들의 감독(Bishop of Bishops)"으로서 그는 그리스도인들과 이교도들을 한 제국 안으로 통일시키기를 원했다. 그는 이 일을 이교도들의 공휴일들과 신앙들과 신들을 "기독교화함으로써" 이루어냈다.[1]]

Hislop이 틀렸는가? 어떤 비평가들은 〈The Two Babylons〉의 저자 Alexander Hislop이 자신의 주장을 뒷받침하지 못하는 참고 문헌을 인용했다고 기록했다. 예를 들어, 비평가들은 그의 책 중 하나에서 '한 가지'를 지적했는데, 그 책에서 Hislop은 12월 25일이 태양 신 호루스(탐무스)의 생일임을 밝혔다. 다음은 Hislop이 기록한 내용이다.

> 이집트에서, 이시스(하늘의 여왕에 대한 이집트식 칭호)의 아들은 바로 이 때, 곧 "동지의 때에" 태어났다.[2]

그러나 비평가들은 Wilkinson(Hislop이 자신의 자료로 인용한 저자)이 이시스의 아들 호루스의 탄생에 관해 논의하지 않고, 하르포크라테스라고 불리는 호루스의 '어린 동생'에 관해 논의하고 있다며 반대했다! 그들은 Hislop이 이시스의 다른 아들, 곧 전혀 태양 신이 아닌 자를 골랐다고 말한다!

자, 증거를 확인해 보자. "호루스"는 이집트어이다. 그러나 하르포크라테스는 그리스어이다. 왜 그리스어인가? 한때 세계 종교에 관한 최고 권위자 중 하나였고 런던대학에서 비교종교학 교수를 지냈던 Geoffrey Parrinder는 A Dictionary of Non-Christian Religions(1971)를 집필했는데[3], 그의 책이 우리에게 답을 제시하고 있다.

> 하르포크라테스. 하르-페-크라드, 곧 아이 호루스(Horus the Child)의 그리스어 번역으로, 호루스는 프톨레마이오스 왕이 치리하던 이집트에서 대중들에게 숭배를 받았다.[4] (호루스 참조). ....
> (pp.116,117 참조. 강조체는 필자의 것.)

---

[1] 다니엘즈, 〈로마 카톨릭과 성경〉(말씀보존학회, 2010), pp.43-49 참조.
[2] Hislop, The Two Babylons, p.93. 인용부호로 처리된 부분은 John Gardner Wilkinson 경의 A Popular Account of the Ancient Egyptians, 1836년 판 다섯 권 중 vol 4, p.405에서 발췌함.
[3] Geoffrey Parrinder는 2005년 6월 16일 사망함.
[4] 알렉산더 대왕이 B.C. 323년에 죽은 뒤, 이집트는 그의 장군 프톨레마이오스와 그의 후손들에 의해 B.C. 약 30년까지 통치되다가 그때 클레오파트라가 죽자 이집트는 로마 제국에 귀속되었다. 따라서 B.C. 323-30년은 '이집트의 프톨레마이오스 왕조기(Ptolemaic Period of Egypt)'로 알려져 있다.

Patricia Turner & Charles Russell Coulter의 The Dictionary of Ancient Deities(Oxford University Press, 2000) 역시 매우 명확하다.

> 하르포크라테스(그리스어)
> 하르페크라드, 헤루-프-크라드, 헤루-파-크레트로도 알려져 있다.
> 아이 호루스에게 그리스인들이 붙여준 이름으로, 그리스인들은 그의 손가락이 그의 입에 가 있는 것으로 그려져 있기 때문에 그를 침묵의 신으로 우러러보았다... 때때로 아이나 자기 어머니의 무릎에 놓인 아기로 제시된다.
> 호루스 참조.

나는 Wilkinson의 책(대개 Egyptians라고 축약되고 대여섯 권으로 출간된)의 초판을 가지고 있지 않다. 그러나 내게는 두 권으로 된 그의 '나중' 판이 있다. 제2권, pp.52,53에서 Wilkinson은 다음과 같이 언급한다.

> ...하르포크라테스를 그들은 그녀[이시스]가 동지에 낳았다고 우리에게 말한다...

Wilkinson은 분명히 하르포크라테스를 언급했다. 그러나 그는 그것으로 누구를 의미한 것인가? 그의 색인에서 "하르포크라테스" 아래를 확인해 보면 "호루스 참조"라고 써 있다. 또 "호루스" 아래를 보면 "호루스... 아이, 또는 하르포크라테스"라고 써 있다. Wilkinson은 호루스와 하르포크라테스 모두에 대해 몇 가지 참조 페이지들을 열거했는데, 이는 그 둘이 하나요 같은 신이기 때문이다! 따라서 Wilkinson의 책조차도 하르포크라테스가 아이 호루스임을 증명하고 있는 것이며, 결국 Hislop이 옳다는 결론이 나오는 것이다.

Hislop의 기타 참고 문헌들. 그러나 The Two Babylons는 호루스-하르포크라테스의 탄생을 언급하는 걸로 멈추지 않는다. 그의 책 3장(pp.91,92)에서 Hislop은 12월 25일이 주 예수 그리스도의 생일일 수 없음을 최초로 보여 줬다. 이를 위해 많은 참고 문헌들을 열거했으며, 그 뒤 소위 "태양 신의 생일"이라 불리는 것이 12월 25일에 기념되었음을 증명하는 사실들을 차곡차곡 쌓아올리는 데 11페이지(pp.93-103)를 사용했다.

이 두 책, The Golden Bough와 The Two Babylons만으로도 12월25일은 태양 신의 생일을 기념하는 이교도의 공휴일이지 우리의 주와 구주이신 예수 그리스도의 생일이 아님을 대부분의 회의론자들에게 납득시키기에 충분한 사실들이 제공된다. 뿐만 아니라 Hislop이 오늘날에도 여전히 중요한 정보원이 되는 부분적인 이유는, 그의 견해가 '한 가지' 자료나 '한 가지' 책에만 근거해서 나온 것이 아니기 때문이라는 사실이다. 그는 바빌론과 로마카톨릭 종교에 관한 그의 역사서를 위해 240가지가 넘는 자료들을(이 중 많은 자료들을 찾기 힘들지만) 충실하게 조사했다. 나는 직접 이 자료들을 조사하면서 현대 고고학자들, 역사 언어학자들, 사회과학자들 그리고 고대사 학생들이 이후로 스스로 많은 동일한 진실들을 알아냈다는 것을 알고 깜짝 놀라지 않을 수 없었다. Hislop은 150년도 더 전에 알았고, Hislop이 옳았다! 비평가들이 '틀린' 것이다.

▶ 68페이지

탐무스와 이교도 달력. Brandon Staggs, 즉 SwordSearcher Bible software 설립자는 놀라운 분량의 자료들을 축적하여 그의 프로그램에 담아 놓았다. 거기에 포함된 검색 엔진을 이용해 찾을 수 있는 한 예가 여기에 있다. 다음은 이교도 달력에서 탐무스에 대한 다양한 참조사항들이다. (모든 강조체는 필자가 한 것이다.) 탐무스의 죽음과 부활이 기념된 모든 연중 '서로 다른' 때를 주목하라:

Easton's Bible Dictionary에서 탐무스에 관한 내용:

...여신 이슈타르의 남편, 곧 아카디아의 태양 신(그리스의 아도니스)인 두무지의 전와된 어형. 칼데아력에는 이 신을 기념하는 달(6월에서 7월 사이에 걸쳐 있으며 하지의 시작)이 따로 정해져 있었다. 6일간 지속된 이 축제 때, 숭배자들은 큰 비탄의 소리를 내며 그 신의 장례를 몹시 슬퍼했고, 그들은 "탐무스를 위하여 울며" 앉아 있었다 (겔 8:14).

Fausset's Bible Dictionary에서 탐무스에 관한 내용:

...레바논의 녹은 눈으로 채워지는 아도니스 강과 겨울에 태양의 감소하는 빛과 비너스의 아도니스를 위한 애처로운 비탄을 언급한다. 탐무스는 시리아의 아도니스(제롬)요, 비너스의 야생 멧돼지에 죽임당한 정부(情夫)였으며, 또 신화에 따르면 일 년의 절반을 땅 위에서 보내도록 허락되었고, 나머지 절반을 땅 밑 세계에서 보내야 했다. 연례 축제가 6월(유대력의 탐무스)에 비블로스에서 그에 대해 지켜졌는데, 그때 시리아 여인들은 그들의 머리카락을 심한 슬픔 속에 쥐어뜯었고, 그들의 몸을 매춘에 내어주었으며, 그 추행의 보수를 비너스에게 봉헌했다. 이후에는 그가 땅으로 돌아온 것을 기뻐하는 날들이 뒤따랐다. 그들이 꾸며 낸 생각은 봄의 아름다움들과 강의 물들이 여름의 열에 의해 파괴된다는 것이었는데(아도니스 강, 즉 나흐르 이브라힘은 봄에 폭우가 레바논으로부터 흘러오는 물줄기들을 불어나게 하여 변색시키는데, 변색의 미신은 이것을 탐무스의 피 탓으로 돌린다), 여름이 파괴하지 않는다면 땅은 태양이 북반구에 있는 동안 일 년의 절반을 아름다움으로 옷 입게 되며, 태양이 더 낮은 남반구로 내려가면 아름다움을 상실한다는 것이다. [Jamieson-Fausset-Brown Commentary도 에스겔 8:14 아래에 기본적으로 같은 내용을 써 놓았다.]

International Standard Bible Encyclopedia(ISBE)에서 탐무스에 관한 내용:

(1)... 그 바빌론의 신화는 둠무주, 즉 탐무스를 야생 멧돼지에 죽임당한 아름다운 양치기, 곧 겨울의 상징으로 표현한다. 이슈타르는 그를 위해 오랫동안 애곡했고, 그를 사망의 지배로부터 구하기 위해 지하세계로 내려갔다(Frazer, 아도니스와 아티스, 오시리스). 탐무스를 위한 이 애곡은 바빌로니아에서 넷째 달 둘째 날에 여인들에 의해 기념되었고, 이 넷째 달은 이렇게 해서 탐무스라는 이름을 갖게 되었다.

시리아 이교의 중심지는 페니키아의 그발(현대의 그바일, 그리스어로 비블로스)이었으며, 그 남쪽으로 아도니스 강(나흐르 이브라힘)의 어귀가 있었는데, 그 근원은 아페카(현대의 아프카)의 장엄한 수원(水源)이다. 이 수원에 저 유명한 비너스, 곧 아프로디테의 신전이 있었고, 그 유적은 여전히 존재한다. 그발의 여인들은 아도니스, 곧 탐무스의 죽음을 기념하기 위해 한여름에 이 신전에 자주 다녔으며, 거기서 이 행사와 관련된 음란한 의식들이 생겨났고, 그 의식들로 인해 그 이교의 악명이 치솟자 콘스탄틴 대제에 의해 금지당했다.

이 신은 그리스인들에게 아도니스라는 이름으로 알려졌는데, 이 아도니스는 페니키아의 아드혼과 다름 아니며, 아드혼은 히브리어로도 같은 이름으로 불린다. 그의 죽음은 시리아와 팔레스타인의 길고 건조한 여름, 곧 식물이 말라죽는 여름을 예표하는 것으로 여겨지고, 그의 부활은 바싹 마른 땅이 새로운 활기를 얻어 무성한 식물로 덮이는 우기(雨期)를 예표하는 것으로 여겨진다. 즉 그의 죽음은 춥고 거친 겨울, 곧 그 신화의 멧돼지를 상징하고, 그의 회복은 신록의 봄을 상징한다.

Smith's Bible Dictionary에서 탐무스에 관한 내용:

아도니스를 기념하는 축제는 페니키아의 비블루스와 대부분의 고대 그리스 도시들에서 열렸으며, 심지어 유대인들이 타락하여 우상 숭배를 저지를 때에도 그 축제가 유대인들에 의해 지켜졌다. 그것은 7월에 열렸고 음란한 의식들이 동반되었다.

Albert Barnes' Notes on the Bible에서 에스겔 8:14에 관한 주석:

이 구절이 탐무스 경배의 어떤 특별한 행위를 언급하는지는 분명치 않다. 이 환상이 보여진 달, 곧 여섯 째 달(9월)은 탐무스 숭배 의식들이 행해지는 달이 아니었다. 그러나 그와 같은 의식들이 예루살렘에서 행해졌을 것이라는 데는 의심의 여지가 없다. 예레미야 7:18에서 여인들은 우상들의 예배에 고용된 것으로 언급된다. 탐무스를 위한 여인들의 울음이 바빌로니아에서 시리아와 팔레스타인으로 전달되었다고 믿는 데에는 어떤 이유가 있는데, 두브-지(Duv-zi)를 상실한 것을 두고 여신 이스타르가 애통해 했을 때 이 두브-지가 탐무스와 동일 인물이었던 것이다. 그 축제는 그리스의 "아도니스의 축제"와 동일했다. 아도니스 숭배는 비블로스에 본부를 두고 있었고, 그곳에서는 연중 특정 기간들에 그 강줄기가 산지의 홍수로 물이 빠진 것을 두고 아도니스의 피로 붉게 되었다고 일반적으로 말해졌다. 그것은 비블로스로부터 동쪽으로 널리 전파되었고, 거기서 그리스로 옮겨졌다. 시드키야가 이교도 국가들과 접촉한 일은(렘 32:3) 당연히 당시 특히 동쪽 국가들에서 인기가 높았던 우상 숭배의 도입으로 이어졌을 것이다.

Adam Clarke's Commentary on the Bible에서 에스겔 8:14에 관한 주석:

여인들이 앉아서 탐무스를 위해 울고 있다 - 이 탐무스는 아도니스이다… 그가 비너스에게 사랑받은 아름다운 청년이었는데 레바논 산에서 야생 멧돼지에게 죽임을 당했다는 꾸며 낸 이야기가 있으며, 또 그 레바논 산에서는 아도니스 강이 흘러나오는 그 강이 8월의 그의 축제 때면 피로 변해 흐른다는 이야기가 꾸며졌다. 페니키아와 앗시리아, 유대의 여인들은 그를 죽은 사람으로서 숭배하며 깊이 애통해 했고, 애통하는 내내 프리아피(priapi)와 기타 음란한 형상들을 몸에 걸치고 있었으며, 이 우상을 기념하여 매춘을 했다. 얼마 동안 그의 죽음을 애도한 그들은 그 뒤 그를 새 생명을 얻은 것으로 여기며 갑작스럽게 과도하기 그지없는 기쁨을 표출했다.

따라서 독자가 심지어 이 옛 자료들로도 알 수 있듯이, 이교도 달력은 탐무스(또는 아도니스 또는 두무지 등)에게 점차적으로 의식들을 추가했고, 결국 그 의식들은 한 해 동안 매우 빈번히 행해지게 되었다.

▶ 70-75페이지

바빌론에서 온 이야기들과 신화들을 이집트에서 고쳐 썼다. 이집트 제사장들은 할리우드 영화감독들처럼 행하지 않았다! 하지만 이것은 두 가지 요소를 예증하려고 의도된 것이다.

1. 이집트는 메소포타미아의 신화들을 고쳐 썼고, 어떤 점에서는 그 의미를 '뒤바꾸었다.' 그 예를 보기 원하면 E.O. James의 The Ancient Gods(2004), p.81를 참조하라.
2. 그 신화들의 이집트 형태는 지중해 전체 국가들로 '수출되었다.' 이 사실은 고대 신화들을 눈 감고 훑어보아도 분명하다.

따라서 B.C. 2300-2200년 후에는 메소포타미아의 신화와 이집트 신화에서 선정한 '두 가지 형태의 신화'가 있었다.

▶ 77페이지
아누바니니와 이슈타르의 그림을 위한 자료. 아누바니니와 이슈타르의 그림들이 다수 존재한다 하여도, Edith Porada의 The Art of Ancient Iran Pre-Islamic Cultures(1962)에 수록된 그림 한 점이 권위 있는 것으로 여겨진다. 40페이지에서 그것은 아누바니니와 이슈타르 사이의 여덟 꼭지점 별을 보여 준다. 우리는 그 기념물을 정확하게 반영하기 위해 그 묘사를 사용했다.

이슈타르의 상징인 여덟 꼭지점 별. 당신은 이것을 많은 자료들에서 발견할 수 있다. 비술(秘術) 연구가요 마술사인 D. J. Conway의 책 Maidan, Mother, Crone(1994), p.199, endnote 25에 이렇게 씌어 있다.

> 아스타르테의 상징은 여덟 꼭지점 별이었다.

Turner & Coulter의 Dictionary of Ancient Deities(2000), p.242의 "Ishtar" 항목 아래에 이렇게 기록되어 있다.

> 때때로 그녀는 자신의 상징인 여덟 꼭지점 별을 들고 있는 것이 보인다.

그러나 "pentacle" 즉 "pentagram"(별꼴 오각형) '역시' 이슈타르의 상징이다. Conway는 Maiden, Mother, Crone, p.179에서 다음과 같이 기록한다:

> Pentacle, pentagram: 한 꼭지점이 위쪽을 향하고 있는 다섯 꼭지점 별로, 여신(Goddess)이 온갖 형태의 여신들로 나타날 때 그 모든 여신의 상징이다. 고대 이집트에서는 이시스와 네프티스의 별이었고, 중동에서는 이슈타르의 별이었다. 켈트족에게는 모리건의 표시였다. 타로 카드에서는 땅의 원소를 표시하고... 악에 대한 혐오; 보호.

▶ 78페이지
칼네 왕 님롯은 니푸르의 신과 동일 인물인가? 많은 연구가들이 바빌론에서 남서쪽으로 50마일 떨어진 곳에 자리 잡은 니푸르가 실제로 고대의 칼네라고 확신한다.

글자가 기록된 40,000점 이상의 점토판이 니푸르에서 발굴되었다. 이것은 바빌론 지역에 분포된 다른 모든 도시들에서 발굴된 것보다 많은 수치이다. 에렉(우룩), 아카드, 바빌론과는 대조적으로, 니푸르는 빠르게 전복되었다. 그 첫 때가 나람-신이 지배했던 날들이었는데, 그때는 세워진 지 200년도 안 되어 전복되었다(p.77을 보라)! 나람-신의 백성들이 그것을 재건했고(글자 그대로 그의 형상으로), 그 뒤 그것은 주로 종교적 숭배의 도시가 되었다. 나중 세기들에는 다른 메소포타미아 성읍들은 정복되고 파괴된 반면 그것은 파괴되지 않았다. 이유는 그것이 군사적 위협이 아니라, 신과 여신 숭배 장소로 여겨졌기 때문이었을 것이다. 그러나 두무지(탐무스)와 이난나(세미라미스)는 그것의 판테온(신들의 명부와 위계)에서 찾을 수 있는 반면, 님롯-마르둑-사르곤이 맞아들어가는 곳에 대해서는 약간의 의견불일치가 있다. 아마도 니푸르의 문명이 묻혀 있는 가장 깊고 가장 오래된 지층들로 파 내려가는 것이 어렵기 때문일 것이다.

1800년대 후반에 시작하여 새 천 년에 이르기까지 니푸르에 줄곧 많은 발굴 작업이 있어 왔다. 그러나 문명의 흔적을 지닌 많은 '지층들' 때문에(그곳은 A.D. 800년까지 누군가에 의해 계속 점유되어 있었다), ("인공물"이라고 알려진) 다른 놀라운 고고학적 발견들을 건드리지 않고 가장 낮은 문명의 지층까지 파 들어가는 것이 어려웠다. 따라서 발굴한 지 120년이 지나도록 니푸르의 오직 '한 부분'과 그 부분의 방대한 역사만이 완전히 탐색되었을 뿐이다. (게다가 그곳이 이라크라 불리는 작은 국가에 위치해 있다는 사실이 미국과 영국 고고학자들을 들여보내는 데 작은 요소로 작용할 수도 있다!) 추가 정보를 위해, 시카고대학의 웹사이트 http://oi.uchicago.edu/OI/PROJ/NIPI/Nippur.html를 참조하라.

하지만 다른 설명이 있다. 즉 처음에는 오직 다섯 사람만이 한두 종류의 신들로 개작되었다. 그것은 매우 제한된 숫자이나, 이 몇 안 되는 신들은 몇 세대 내에 말 그대로 수천의 다른 신들과 여신들로 확장되었다. 따라서 니푸르가 단지 3-5명의 신들만 가졌을 때는 매우 '제한된' 기간이었다. 나람-신은 칼네(니푸르)를 정복한 뒤 자신의 생각들을 재빨리 강요하여, 신들과 여신들의 이름들과 명부를 바꿨는데, 그 가운데에는 그의 이름도 포함되었다. 그리고 얼마 안 되어 1) 이교들 간의 경쟁과 2) 자신들의 신들의 이야기(와 우상들)를 가져온 사람들의 이민, 3) 그 도시에서 모종의 질서를 확립해야 할 필요성으로 인해, 니푸르와 기타 도시들은 그 신들과 여신들을 모종의 질서 속에 넣는 명부를 만들어냈다. 이윽고 아주 많은 신들과 여신들이 그 명부에 올라가게 되었으며, 그렇기에 잘 훈련된 눈이 아니고서는 그들 중 '어떤 것'이 "님롯 같고" 어떤 것이 "탐무스 같은지" 구별하기가 힘들게 되었다.

Michael Roaf는 이라크의 영국 고고학 학교(British School of Archaeology)의 이전 학장이었다. 그는 또한 버클리 소재 캘리포니아 대학 근동연구학과 부교수이기도 하다. 그는 근동 전체에 걸친 발굴 작업에 참여해 왔으며, 특히 바레인과 이라크에서 활발히 작업했다. 그의 저서 〈메소포타미아의 문화적 아틀라스와 고대 근동, Cultural Atlas of Mesopotamia and the Ancient Near East〉의 니푸르 관련 부분에서, 그는 신들의 원초적 위계에 관한 전문가적 의견을 말해 준다.

> 가장 중요한 여신은 이난나(이슈타르)였으며, 대부분의 후대 여신들은 그녀와 동일시되었다. 그녀는 사랑의 여신이자 전쟁의 여신이었고(그리스의 여신들인 아프로디테와 아테나가 결합된 것에 상응), 또 우룩[에렉]의 도시 여신이자, 아가데[아카드]의 도시 여신이었다. 아마도 그녀는 안(An)과 결혼했던 듯하지만, 나중 신화들에서는 두무지의 아내였다. 두무지는 이난나 대신 지하세계로 내려갔다. 후대에 그는 탐무스 또는 아도니스로 불렸으며, 매년 죽고 다시 살아나는 신이었다. (p.83을 보라. 강조체는 필자의 것.)

우리는 이미 이난나/이슈타르가 둘 다 어떻게 안(님롯)의 아내이자 자기 아들 두무지(탐무스)의 어머니였는지 살펴보았는데, 두무지는 "약속된 씨"(창 3:15)이자 님롯의 환생이라고 선언되었다.

지금까지 우리는 니푸르의 이 세 인물을 살펴봤다.

님롯 = 안
세미라미스 = 이난나-이슈타르
탐무스 = 두무지 = 아도니스

Anne Baring과 Jules Cashford는 둘 다 국제분석심리학자회(International Association of Analytical Psychologists)의 회원이다. Baring의 관심은 힌두교와 불교와 기독교의 잠재적인 연합이었다. Cashford의 관심은 철학과 신화학이었다. 이 둘이 함께 모여 〈여신의 신화: 형상의 진화 (The Myth of the Goddess: Evolution of an Image), 1991〉을 집필했다. 그들은 로마카톨릭의 마

리아의 형상뿐 아니라 성경의 하나님과 신들의 형상들이 모두 셀 수 없이 오랜 세월 동안 고대의 여신과 신의 개념들로부터 "진화했다"고 믿었다. 따라서 아세라에 관한 부분에 담긴 그들의 관점을 읽는 것은 흥미롭다.

> 여신 아세라가 아마도 가장 오래된 [카나안 여신이었을] 것이다. 일찍이 B.C. 1750년 한 수메르의 비문은 그녀를 아누(Anu)의 아내로서 언급하는데, 이 아누는 카나안 판테온(신들의 명부)의 아버지 신인 엘(El)과 동일시될 수 있으며, 엘의 역할은 수메르의 신 안(An)의 역할을 면밀히 본뜬 것이다. (p.454를 보라.)

우리는 님롯이 엘이라는 것을 안다. 그들은 엘이 안을 면밀히 본뜬 것이라고 말한다. 따라서 이렇게 되면 님롯과 안이 연결된다. 그들의 글은 다음과 같이 계속된다.

> 아세라는 '흠뻑 젖은 채로 태어난' '바다의 부인'이라고 불렸다. 이 호칭은 그녀를 수메르의 남무(Nammu)와 이집트의 이시스와 연결시킨다… 그녀의 다른 칭호는 "신들의 어머니"였는데, 이는 수메르의 닌후르삭(Ninhursag)의 칭호이기도 하며, 그녀의 일흔 명의 자식들 가운데 바알과 ["죽음"에 해당하는 히브리어와 관련 있는] 모트라는 아들들, 그리고 그녀의 딸인 아낫(Anath)[세미라미스로부터 만들어진 또 다른 여신]이 있었다. 왕들은 그녀의 가슴에서 영양분을 공급받았는데, 이전에도 그들은 수메르와 이집트의 여신에게서 영양분을 공급받았다. (p.454를 보라.)

따라서 이제 우리는 동일 인물에 대한 '더 많은' 이름을 갖게 되었다.

님롯 = 안 = 엘
세미라미스 = 이난나-이슈타르 = 아세라 = 이시스 = 닌후르삭
탐무스 = 두무지 = 아도니스 = 바알

Roaf와 Baring & Cashford의 글을 읽기만 했는데도 우리는 같은 신에 대한 '많은' 다른 이름들을 본다. 그러나 이것은 우리가 현대의 교과서들에서 발견하는 "수메르 신들의 판테온"과 모순되는 것처럼 보인다. 왜 그럴까? 이유는 우리가 책들에서 발견하는 "판테온" 명부가 '수 세기 뒤에' 기록되었고 '바빌론 종교의 나중 발전상을 반영하기' 때문이다. 항상 기억해야 할 것은, 그것이 처음에는 '님롯, 세미라미스, 탐무스, 쿠스와 셈'으로 훨씬 더 단순했다는 사실이다. 대해야 할 인물은 다섯 명뿐이었으며, '오직 한 명만 여자였다.'

흔히 수용되지만 '나중에' 작성된 수메르의 판테온("가계도" 위계에서의 신들과 여신들의 명부)을 보려면, Cotterell과 Storm의 책 〈세계 신화 대백과, The Encyclopedia of World Mythology〉 (1999,2004), p. 502를 참조하라.

▶ 79페이지

완벽하게 선하고 행복한 신 오시리스. 이집트에서 오시리스(님롯)에게 주어진 칭호들 가운데 둘은 웨네페르(Wennefer, "영원히 선한 존재")와 우네페르(Unnefer, "끊임없이 행복한 자")였다. Turner와 Coulter의 Dictionary of Ancient Deities(2000), p.367("Osiris" 아래)와 p.484("Unnefer" 아래)를 보라.

▶ 80페이지

부록 A: 권말 주석

점박이 새끼 사슴을 안고 있는 님롯. 때때로 상징들을 이해하는 것은 매우 어렵다. 그러나 때로는 훨씬 쉽기도 하다. 시각적 의사소통의 가장 오래된 고대의 형태들 가운데는 꽤 쉬운 것들도 있었다. 즉 그림 자체가 상징이었다. 80페이지에 점박이 새끼 사슴과 큰 나뭇가지를 들고 있는 님롯 그림을 보라. 다음 단락들을 읽는 동안 80페이지를 붙잡고 있으라.

Hans Krause에 따르면(그의 연구 논문이 온라인의 www.hanskrause.de에 게재되어 있다), 바빌론어-수메르어에서 님롯에 관한 한 이름은 '게쉬-다르(Gesh-dar)' 이다. 80페이지의 그 그림의 각 요소는 님롯과 관계 있다. 그 그림 속 물체들 가운데 여럿이 실제로 수메르의 상징어인 '게쉬' 또는 '다르' 로 표현되었다. 보다시피 수메르어에서는 많은 단어들이 한 가지 이상의 의미를 지녔다. (사실 필자가 고대 수메르어에 관해 조사한 책들은 기초 설형 문자로 된 글을 번역하는 일이 어떻게 해서 어려울 수 있는가에 대해 말해 준다. 왜 그럴까? 이유인즉 하나의 단어가 많은 다른 것들을 상징할 수 있기 때문이다. 번역자는 '어떤 것' 이 지금 언급되고 있는가를 훌륭하고 학식 있게 추측해야 한다. 보통은 이것이 쉬운 일이지만, 수메르의 시에서는 몹시 복잡해질 수 있다.) 그 점을 알고 나니, 그 화가가 이 님롯 그림을 온갖 동음이의어들로 채워 함께 읽으면 전체 이야기를 알 수 있게 했다는 점은 놀랍기만 하다.

따라서 '게쉬-다르' 를 살펴보면:
'게쉬' 의 의미는,
- 사람, 영웅, 강한 자
- 높은, 고위층의, 아주 높은
- 큰 나뭇가지(님롯이 그림에서 들고 있는)

'다르' 의 의미는,
- 님롯이 쓰고 있는 머리띠, 가늘고 긴 짜여진 천 조각
- 망사 옷자락, 짜서 만든 직물이나 천 조각(이것 역시 님롯이 걸치고 있음)
- 자식, 즉 아들(탐무스가 환생한/윤회한 님롯으로 여겨짐을 기억하라 - pp.41,42 참조)
- 그림에서 님롯이 들고 있는 큰 나뭇가지는 잘려졌다. 수메르에서 "잘라내다" 또는 "잘라 분리시키다" 는 역시 '다르' 이다.

'다르' 는 또한 "점이 박힌 것" 을 의미하는데, 이는 님롯이 그림에서 안고 있는 새끼 사슴에서 볼 수 있다.

이 그림에서 다른 것들도 흥미롭다.
- 님롯은 뿔 달린 짐승을 안고 있다. 뿔 달린 짐승(즉 뿔이 달린 모든 짐승에 대한 일반적인 표현)은 수메르어로 '쿠스' 이다. 그것은 님롯의 아빠와 같은 이름이다!
- 큰 나뭇가지의 잎들을 학자들은 연꽃이라고 말한다. 연꽃은 죽음으로부터 생명을 갖게 됨을 상징한다. 탐무스는 다시 태어난(또는 환생한 또는 회생한 또는 윤회한) 님롯으로 여겨진다.

따라서 그 그림은 잘려졌지만 죽은 자들로부터 살아나, 아이 즉 "아들" 로 환생한 한 강한 사람에 관해 말한다. Krause는 그 인물이 "쿠스의 아들" 임을 또한 그 그림에서 추론해도 된다고 믿고 있다. 그 그림은 '많은' 것을 형상화하고 있지만, 다양한 연구가들은 고대인들이 정확히 그 방법으로, 즉 이 동음이의어들을 그 '상호 엇갈리는' 의미들로 그리고 읽음으로써 상징-그림들을 기록

하고 해석했다고 믿는다(이를 소위 "상징학"이라 한다).

주(註):
Alexander Hislop이 이 고대의 글들과 언어들이 발견되거나 번역되기 이전에 수년 동안 글을 쓰면서 이 상징학에 관해 상당히 많은 부분을 알아낼 수 있었다는 사실이 놀랍기만 하다. 그는 그의 시대를 '수년' 앞서 있었던 것이다! 또한 그는 그것을 The Two Babylons의 페이지들에 올바로 포함시켰다. Hislop이 틀렸거나 그 모든 것을 꾸며 냈다고 주장하는 사람들은 고고학에 관한 가장 최근의 연구를 읽어 보지 않은 것이다. 많이 읽으면 읽을수록, Hislop을 '지지하고' 그의 비평가들을 '반박하는' 것을 더 많이 찾게 된다.

점박이 짐승들은 후에 님롯의 상징이 되었다.
- 셈어로 NMR은 "표범"에 해당하는 단어로, 특히 그것의 점들을 언급한다(예를 들어, Hislop, The Two Babylons, p.44, Harris, Archer, Walker의 Theological Wordbook of the Old Testament(1980)와 Brown, Driver & Briggs Hebrew Lexicon(1906) 참조).
- 그리스인들은 점박이 새끼 사슴을 님롯의 상징으로 보았다. 님롯에 해당하는 그리스어는 네브로드($Ne\beta\rho\omega\delta$)로, "새끼 사슴"을 의미한다. 소위 "칠십인역(Septuagint, LXX)"이라 불리는 변개된 알렉산드리아 헬라어 성경은 그의 이름을 그것이 나타나는 네 곳에서 그렇게 기록했다(창 10:8,9, 대상 1:10, 미 5:6). Liddell-Scott Lexicon에 의하면, 네브로데스라는 단어는 "새끼 사슴 같은"을 의미하며, 그것은 바커스(Bacchus)에 대해 사용되는 용어인데, 바커스를 로마인들은 디오니시우스라고 불렀다.

바커스의 상징인 네브로드. '네브로드' (점박이 새끼 사슴)는 또한 바커스 신 자신의 상징이다. 그리스인들이 "표범 가죽(점박이)을 입은" 이집트의 대제사장들(Wilkinson이 "교황"이라고 부른)을 보고, 또 가까이에 있는 점박이 새끼 사슴 가죽을 보았을 때, 그들은 깜짝 놀라 다시 쳐다보게 되었다. Wilkinson은 다음과 같이 기록했다:

> 이 의식[메디네트-하부에서의 오시리스 장례식]에서, 몇몇 오시리스 관련 이야기들에서처럼, 우리는 그리스인들로 하여금 그 신과 그들의 바커스 사이의 닮은 점들, 즉 탬버린, 담쟁이덩굴로 감겨진 꽃들, 곧 티르소스(바커스의 지팡이 - 역자 주), 그리고 표범 가죽과 같은 것들을 제시하도록 이끈 그 유사점들을 추적하여 알아낼 수 있다. 표범은 바커스를 태운 탈 것을 끌었던 표범들을 떠오르게 한다. 네브리스, 즉 새끼 사슴의 점박이 가죽은 아멘티(Amenti) 지역의 오시리스 가까이 매달려 있는 것에서 추적될 수도 있다. (A Popular Account of the Ancient Egyptians in Two Volumes(1853 Vol. 1, pp.284,285와, 또한 pp.269,270 참조.)

그리스인들에게 점박이 새끼 사슴들과 기타 오시리스의 장례식 요소들은 바커스의 상징들이었다. 그들이 옳았다. '바커스는 님롯의 한 형태인 것이다!'

▶ 83페이지
세미라미스는 달의 여신이기도 하다. 다양한 저자들에 따르면, 다음의 모든 여신들 또한 그들의 다른 특징들이 추가된 "달의 여신들"이다: 알릴라트, 알-우자, 아프로디테, 아리아드네, 아르테미스, 아세라, 아스타르테, 아테나, 키벨레, 데메테르, 다이아나, 유로파, 하토르, 헤카테, 헤라, 이난나, 이슈타르, 이시스, 주노, 레바나, 네이트, 파시파에, 페넬로페, 페르세포네, 셀레네, 그리고 아즈텍의 틀라졸[테오트] 등.

Baring과 Cashford는 The Myth of the Goddess: Evolution of An Image(1991), p.302에서 이에 대해 훨씬 깊이 고찰한다.

> 모든 그리스 여신들은 달의 여신들이다: 처녀 페르세포네와 동정녀 아르테미스는 새 달을 인격화한다. 데메테르와 헤라는 어머니 또는 진정한 아내로서 보름달을 인격화하고, 지하세계의 헤카테는 이지러지는 어두운 달을 인격화한다.

오직 '한 명'의 실제 여인으로부터 얼마나 많은 여신들을 만들어낼 수 있을까?

Turner와 Coulter의 Dictionary of Ancient Deities(2000), p.73에 따르면, 오직 '한 명'의 여신 '아세라'를 위한 다른 이름들은 다음과 같다(필자가 재편성했음):

민족별 아세라 이름들
    아카드인들: 이스타르
    아르메니아인들: 아나히트
    바빌로니아인들: 이슈타르
    켈트인들: 에스-에오라드
    이집트인들: 하토르, 이시스
    그리스인들: 비너스
    힛인들: 아시라트
    페니키아인들: 아스타르테, 아쉬토렛
    시리아인들: 카우카브타
    아세라에 관한 다른 이름들: 아취타롯, 아취토렛, 아나트-야후, 아세랏, 아세르투, 아시르투, 아스라투, 아시르, 아스타르, 아스테르트, 아스티라티, 아스테레트, 아트라르

이것들은 이 연구자들이 정확히 동일한 여신이라고 말하는 것에 대한 25개의 다른 이름들이다! 또한 이것들은 세미라미스라는 '한' 형태로부터 만들어졌다. Baring과 Cashford는 The Myth of the Goddess(p.254)에서 다음과 같이 말한다:

> 단일 양태의 현시에 한정된 신들과 여신들은 거의 없었다. 그들은 만물에 내재하는 [현존하며 자연만물에 관련된] 신들이었고, 그들을 존재케 하는 어떤 상황에서도 모습을 나타낼 수 있었기 때문이다.

당신은 수천 명의 여신들이 한 사람 세미라미스에게서 얼마나 쉽게 나올 수 있는가를 알 수 있다. 바로 그런 일이 일어났던 것이다!

▶ 86페이지

헤카테에게 제물로 바쳐진 개들과 검은 어린양들. Turner와 Coulter의 Dictionary of Ancient Deities(2000), p.208 "Hecate" 아래 참조.

흑마술과 마법의 여신. Parrinder의 Dictionary of Non-Christian religions(1971), p.118과 Cotterell과 Storm의 Encyclopedia of World Mythology(1999, 2004), p.47, Philip Wilkinson은 그의 DK Illustrated Dictionary of Mythology(1998), p.68에서 헤카테를 "여자 마법사와 마술사들과 마녀들

의 후원자"라고 부르며, 또 그녀는 "그녀가 마법과 의식들을 주재했던 하데스에 살았다"고 말한다. Littleton을 위시한 공동 저자들은 Mythology: The Illustrated Anthology of World Myth & Storytelling(2002), pp.135,181에서 단순히 그녀를 "마법의" 신 또는 "유령들과 마법의" 여신이라 부른다.

교차로들. 현대의 마술사들을 포함한 마녀들은 특별히 교차로들을 좋아해 왔다. 그들에게 교차로들은 문자적인 길의 교차점들일 뿐만 아니라, 또한 영적인 의미를 지니기도 한다. 그래서 그들이 "교차로들"에서 만나 희생제물을 바치는 동안, 이생과 내세 사이의 "교차로들"로 여겨지는 '날들(days)'과 '시간들(hours)'이 또한 있었다(10월 31일 자정이 그중 하나이다). 이 시간 동안 그들은 죽은 자들과 "지하세계" 존재들과 의사소통할 수 있다고 믿었다. 우리는 그것들이 "마귀들"의 악한 영들이라는 것을 안다. 또한 우리에게는 어떤 종류의 영들도 찾아내려고 하는 일이 명백히 금지되어 있다! 레위기 19:31; 20:6, 신명기 18:10-12, 이사야 8:19,20, 디모데전서 4:1을 보라.

헤카테의 다른 이름들. "헤카테의 다른 이름들"은 실제로 "달 끌어내리기(Drawing Down the Moon)"라 불리는 마술 의식에서 인용되었다.

"달 끌어내리기." 한 여자 마술 대제사장이 그녀의 "자녀들"(동료 마술사들)에게 그 여신이 그들에게서 기대하는 일을 맡긴다. 그 뒤 그녀는 마침내 달의 여신을 자신 안으로 "끌어내리는데," 이 때 마귀 들릴 때와 매우 흡사한 소리가 난다. 그것은 종종 "여신의 충만"이라 불린다. William Schnoebelen의 Wicca: Satan's Little White Lie(1991), pp.114,118,122,221, note 11을 보라. 그의 인용은 Stewart Farrar의 What Witches Do(New York: Coward, MacCann & Geoghegan, 1971), p.21가 그 출처이다. 또한 Margot Adler의 Drawing Down the Moon(1986), p.20와 The Grimoire of Lady Sheba(St. Paul: Llewellyn, 1972), pp.145-147도 참고하라.

▶ 87페이지

여신 아스타르테의 신성한 돌. 여기에 예시된 그림은 소위 "신성한 돌"이 발굴되고 있는 것처럼 보이도록 그려졌다. "달의 여신의 신성한 돌"에 관한 더 많은 고대 그림들을 보려면, M. Esther Harding의 Woman's Mysteries: Ancient & Modern(1971), p.40을 참고하라.

이교도 신들과 여신들에게 바친 인간 제물들. 인간을 신들과 여신들에게 제물로 바쳤다는 것을 굳이 증명할 필요는 없을 것 같다. 그러나 바알과 몰록에게 바친 희생제사들의 고고학적 세부 사항들을 포함하여 이교도 제사들에 관한 더 많은 정보를 위해, Nigel Davies의 Human Sacrifice: In History and Today(1981)을 참고하라. (추가 정보를 위해 '주석을 단 참고 문헌 목록' 참조.)

▶ 88페이지

틀라졸테오틀(또는 틀라졸테우틀). 실제로 그녀는 88페이지에 열거된 것보다 훨씬 더 많은 것들의 여신이다. Turner와 Coulter(2000, p.470)은 그녀가 다음과 같다고 말한다:

> 그녀는 달의 여신, 땅의 여신, 배설물의 여신, 정화와 치유의 여신, 사랑과 다산의 여신, 출산의 여신, 생명을 주는 자, 죄들을 용서하는 자, 성적 쾌락의 여신, 도박의 후원자, 위대한 실 잣는 자요 생명의 직물을 짜는 자, 밤 시간들의 아홉 주들 중 하나...이다. 그녀는 아즈텍 세계의 모든 마술 뒤에 있는 힘이다.

그녀는 또한 문자 그대로 "고해성사를 들었다!" Turner와 Coulter는 다시 이렇게 말한다:

> 인생에 한 번, 고해성사는 사제에게 드려질 수 있었다. 이 행위는 대개 유혹을 이길 수 있는 나이라고 여겨질 때까지 유예되었다. "죄인"은 사제 앞에 나타나 모든 악행을 열거했다. 범죄에는 신들에 대한 불순종, 공동체의 관습으로부터의 일탈, 전투에서 겁먹음, 제사를 소홀히 함이 포함되었다. 신들에게 제물이 드려졌고, 틀라졸테우틀의 제사장에 의해 죄가 사해졌다. 고해성사가 정직하다면, 틀라졸테우틀이 고해자의 죄들을 빨아들이고 그 혼을 정결케 할 것이다.

빗자루 위에 앉은 틀라졸테오틀에 관한 기록. 이 그림은 이 여신의 실제 그림들에 충실한 가운데 "점잖게 몸단장을 시킨" 것이다. Turner와 Coulter(2000, p.470)는 다음과 같은 사실을 보여 준다:

> 틀라졸테우틀로서 그녀는 벌거벗은 채 빗자루에 앉은 모습으로 나타난다. 그녀는 초승달이 그려진 뿔 달린 머리 장식을 하고 붉은 뱀을 쥐고 있다. 그녀는 또한 코에 초승달 장식을 하고 있고… 틀라졸테우틀은 금성(Venus)을 상징한다. 그녀는 종종 벗겨낸 사람 가죽을 입고 있는 것으로 묘사된다…

D.J. Conway의 Maiden, Mother, Crone(1994, pp.99,100)에서 그녀는 또 다른 변형으로, 즉 뱀은 없이 옷을 입고 아주 다른 모자를 쓴 늙은 여인으로 그려진다. 그녀는 이 요소들을 틀라졸테오틀의 묘사에 추가한다.

> 아즈텍의 틀라졸테오틀은 그 이름이 "물결의 여인" 또는 "더러운 여인"으로 번역될 수 있으며, 빗자루를 타고 밤하늘을 날아다녔고, 고깔모자를 썼고, 달과 뱀, 박쥐와 관련이 있었다. 헤카테처럼, 그녀에게 드려진 많은 경배가 교차로들에서 행해졌다. 시우아테테오(Ciuateteo, 매우 존경할 만한 어머니들)는 그녀의 여자 사제들이었으며, 공중을 날아다닌다고 이야기되었고… 출산과 연결되었다. 틀라졸테오틀은 마법, 성(性), 도박, 유혹, 흑마술과 관련 있었다.

틀라졸테오틀의 별명 코아틀리쿠에. Littleton, 즉 The Illustrated Anthology of World Myth & Storytelling(2002)의 편집인은 pp.550,551,577에서 이 메스꺼운 여신에 관해 훨씬 더 많은 정보를 알려준다.

> 아즈텍의 더 음란한 관습들 중 하나가 그녀의 이름으로 발생했다. 어린 소녀들은 훈련 받는 전사들을 위해 아마도 강제로 막사들에서 매춘을 강요당했고, 일단 창녀로서의 일이 끝나면 의례(儀禮)적으로 살해를 당했으며, 그들의 몸은 오염된 쓰레기로 여겨져 텍스코코 호수[현대의 멕시코시티 근처]의 늪지대에 버려졌다.

코아틀리쿠에, 다산의 동정녀. 여신으로서 코아틀리쿠에는 '다산' 일 뿐 아니라 동시에 '동정녀' 로서 여겨졌다! 앞의 책에는 "이 때문에 어떤 카톨릭 주석가들은 코아틀리쿠에의 이러한 측면을 동정녀 마리아와 연결지어 생각하게 되었다." 고 기록되어 있다.

▶ 92페이지
하토르, 호루스의 "집" 또는 "태(胎)." D.J. Conway의 Maiden, Mother, Crone(1994), pp.56,57

를 보라. 또한 Baring과 Cashford의 The Myth of the Goddess(1991), p.252, Turner와 Coulter의 Dictionary of Ancient Deities(2000), p.206, 그리고 E.O. James의 The Ancient Gods(2004), p.82를 보라.

▶ 96페이지

우상들에게 제물을 바치는 것은 마귀들에게 바치는 것이다. 다음의 구절들이 그것을 잘 말해 준다.

> 신명기 32:16,17 『그들은 이방 신들로 주께 질투를 일으켰으며, 그들은 가증한 것들로 주께 진노를 일으켰도다. 그들은 하나님께 희생제를 드리지 않고 마귀들에게 하였으니 곧 그들이 알지 못했던 신들에게 했으며 너희 조상들도 두려워하지 않던 새로 생긴 새 신들에게 했느니라.』

> 시편 106:36-38 『그들이 이방의 우상들을 섬겼으니 그것들이 그들에게 덫이 되었도다. 정녕, 그들이 자기 아들들과 자기 딸들을 마귀들에게 제물로 바쳐 무죄한 피, 즉 자기 아들들과 자기 딸들의 피를 흘려 카나안의 우상들에게 제물로 바쳤으니 그 땅이 피로 오염되었도다』

> 고린도전서 10:19-21 『그런즉 내가 무엇을 말하느냐? 우상은 무엇이며 또 우상들에게 바친 제물은 무엇이냐? 그러나 내가 말하노니 이방인들이 제사하는 것은 마귀들에게 하는 것이지 하나님께 하는 것이 아니니라. 나는 너희가 마귀들과 교제하는 자들이 되는 것을 바라지 아니하노라. 너희는 주의 잔과 마귀들의 잔을 함께 마실 수 없으며 너희는 주의 식탁과 마귀들의 식탁에 함께 참여할 수 없느니라.』

> 요한계시록 9:20 『그리고 이러한 재앙으로 죽지 않은 나머지 사람들은 자기들의 손으로 행한 행실을 여전히 회개하지 않고, 마귀들과 보지도 듣지도 걷지도 못하는 금, 은, 동, 돌과 나무로 된 우상들에게 경배하기를 그치지 아니하며』

따라서 이것을 기억하라. 모든 우상이나 형상, 또 어떤 "신"의 조각상 이면에는 마귀가 있다는 것을!

▶ 97페이지

빵 신 오시리스 먹기. 성경을 '믿지 않는' 반기독교적 인물인 T.W. Doane은 Bible Myths & Their Parallels in Other Religions(1882)라는 책을 집필하여 소위 "기독교적" 신앙과 관습이라 불리는 이교의 기원들에 관한 그의 수년에 걸친 연구에 대한 증거를 제공했다. 다음은 그의 책에서 "빵 신" 오리시스를 먹는 일에 관한 내용을 발췌한 것으로, 네 가지 개별적인 자료들로 뒷받침되고 있다.

> 고대 이집트인들은 - 우리가 보았듯이 - 그들의 하나님이요 구주인 오시리스의 '부활'을 매년 기념했는데, 그때 그들은 '성체'로 그의 죽음을 기념하며 그 신성한 빵, 즉 성찬빵을 사제가 그것을 신성하게 하여 오시리스의 진짜 살이 되게 한 후 먹었다. 그런 식으로 그들은 '그들의 신을 먹었던 것이다.' 빵과 포도주는 경배자들이 제물로서 신전에 가져왔다.

> 테라퓨테 또는 에세네파는 우리가 믿기로 불교적 기원을 가지고 이집트에 많은 수가

살았는데, 그들 사이에는 성찬식이 또한 있었다. 그러나 그들 대부분은 절도를 지켰기에 포도주를 빵으로 대체했으며, 반면 다른 이들은 빵과 포도주가 혼합된 것을 마셨다.

B.C. 570년경에 태어난 저명한 그리스 철학자 피타고라스는 이 '성찬식'을 행했다. 그는 이집트를 방문하여, 그곳에서 사제들을 그 모든 신비로운 지식을 전수하도록 유도하여 그 지식을 이용했다. 그와 그의 추종자들은 고행과 기묘한 식단과 옷 입는 법을 실행했는데, 이는 에세네파와 유사했다… (p.306)

"곡물 신" 먹기. 또 한 명의 비그리스도인인 James George Frazer 경은 〈TIME〉지가 "20세기의 가장 영향력 있는 책들 중 하나"라고 부른 The Golden Bough: A Study in Magic & Religion(1992)을 집필했다. Frazer의 그 비기독교적 책은 제50장(章) 전체를 "신을 먹기"의 개념에 할애한다. 거기서 그는 일본의 아이노(Aino)와, 그들이 수수, 곧 "신성한 곡물" 즉 "곡물 신"에 헌신하는 것을 다음과 같이 기술한다:

> …그들은 새로 수확한 수수로 만든 빵을 먹기 전에 그에게 기도하며 그에게 경배한다. 그리고 첫열매들에 내재하는 신성이 명백히 단언되지 않는데도 불구하고, 그 신성은 그것들을 먹기 위한 엄숙한 준비들과, 규정된 의식을 준수하지 않은 채 위험을 무릅쓰고 그 열매들에 참여하려 하는 사람들에 의해 초래되는 것으로 여겨지는 위험에 의해 암시되는 듯하다. 따라서 그 모든 경우들에서 우리는 새 곡물을 먹는 일을 성례 또는 어떤 신과의 영적 교감으로 부적절하게 묘사해서는 안 된다. 즉 의식의 모든 추이(推移)를 어떤 강력한 영과의 교감으로 묘사해서는 안 된다. (p.565)

달리 말하면, 일본의 아이노는 곡물 빵을 먹을 때 자신들이 그들의 신을 먹고 있다고 믿었던 것이다!

반죽 덩어리로 만든 신 먹기. 후에 Frazer는 스페인인들과 그들의 카톨릭이 멕시코로 오기 수세기 전 아즈텍인들이 수행한 정성들인 의식들에 관해 말했다. 한 의식에서는, 일 년에 두 차례(5월과 10월) 그들은 비트질리푸즈틀리라고도 불리는 그들의 태양 신 후이트질로포크틀리의 형상을 반죽으로부터 만들어, 그것을 조각조각으로 부수었는데, 그 조각들을 "그의 경배자들이 엄숙하게 먹었다"(p.566). 그는 다른 빵 신 의식들을 열거한 뒤 이렇게 진술했다:

> 이 흥미로운 단락에서, 우리는 고대 멕시코인들이 심지어 기독교 선교사들이 도착하기 전부터 성변화(聖變化, 빵이 마술과 같이 신으로 변하는 것)의 교리에 완전히 정통해 있었고, 그들의 종교의 엄숙한 의식들에서 그것을 실행했다는 것을 배운다. 그들은 빵을 봉헌함으로써 그들의 사제들이 그것을 그들의 신의 실제적인 몸으로 변화시킬 수 있으며, 그래서 그 봉헌된 빵에 곧 참여한 모든 이들은 그의 신성한 몸의 일부를 그들 안으로 받아들임으로써 그 신과의 신비로운 교제 속으로 들어간다고 믿었다. (p.568을 보라.)

아즈텍인들이 12월 동지(冬至) 동안에 행한 또 다른 유사 의식에는 그들의 신의 반죽 형상을 만들어 촉끝에 부싯돌이 달린 짧은 화살을 그 형상에 쏘는 일이 포함되었다. 그것은 "후이트질로포크틀리의 몸을 먹을 수 있도록 그 신을 죽이기"라고 불렸다. 그 "심장"과 다른 부분들이 분리된 뒤, 모든 남성이 이 "성체"를 먹었다. 이것은 '테오쿠알로,' 즉 "신이 먹힌다"라고 불렸다. (pp.568-569를 보라.)

흥미로운 것은, Turner와 Coulter의 Dictionary of Ancient Deities, pp.226,227에 따르면, 후이트질로포크틀리가 아즈텍의 주요 신이자, 그들의 태양 신이고, 폭풍 신, 번개의 신이며[이 모두가 바알/탐무스처럼 들린다], 코아틀리쿠에의 아들이라는 사실이다. 89페이지에 관한 권말 주석에서, 우리는 코아틀리쿠에가 로마카톨릭의 "동정녀 마리아"에 비견되는 것을 보았다. 이제 우리는 후이트질로포크틀리가 그녀의 아이라는 것을 본다. Turner와 Coulter의 다음과 같은 기술에 귀를 기울여 보라:

> 후이트질로포크틀리는… 아즈틀란[아즈텍인들의 전설적인 섬 본향]에서 코아테펙(뱀의 언덕)까지… 몹시 힘든 여행에서 그의 백성을 인도했다. 코아테펙 바로 그곳에서 그가 다시 태어났다. 후이트질로포크틀리의 어머니 코아틀리쿠에는 어느 날 신전을 청소하던 중 깃털들을 그녀의 블라우스에 쑤셔 넣어 감추었다. 청소를 끝내고 가서 깃털들을 꺼내려고 봤더니 사라지고 없었다. 그녀는 자신이 임신했다는 것을 알았다. 이 신성한 수태는 신이 그의 재탄생을 시작한 일이었다… 다른 묘사들에서 보이는 그의 모습은 그의 왼편에 벌새 깃털들이 있고 뱀처럼 생긴 막대기를 들고 있는 것이다… 인신 제사들이 후이트질로포크틀리에게 빈번히 드려졌다. (pp.226,227 참조)

이 신들은 매우 낯이 익다:

세미라미스 = 코아틀리쿠에 = 틀라졸테오틀(흑마술 여신) = 헤카테
탐무스 = 후이트질로포크틀리 = 바알 = 아도니스 = 아티스 = 호루스

코아틀리쿠에는 '미심쩍지만' 카톨릭의 "동정녀 마리아"와 같다고 이야기되었다.
후이트질로포크틀리는 "예수"라 불리는 카톨릭의 빵(성찬빵) 신과 '대단히 유사해' 보인다.

카톨릭 체계가 멕시코에서 그토록 쉽사리 받아들여진 것은 너무도 당연하다!

▶ 114페이지
하나님의 예언 시계. 이것은 자칫 복잡해질 수 있으므로 가능하면 이해하기 쉽게 단순화시키도록 해보겠다.
1. 어떤 연유로, 하나님께서는 여러 해를 365와 1/4일이 아닌 360일로 세신다. 다음의 평행 진술들을 비교하라.

> 한 때와 두 때와 반 때(다니엘 12:7, 요한계시록 12:14)
> 1,260일(요한계시록 11:3 & 12:6)
> 42개월(요한계시록 11:2 & 23:5)

1년을 360일로 잡으면 셋 모두 3년 반과 동일하다. 그렇지 않으면 하나님께서는 단순히 1260일이 아니라 "1,278,375일"이라고 말씀하셨을 것이다.

2. 위에서 "때"라는 단어가 "연(year)"을 의미했듯이, 다니엘 9장의 "주(week)"는 "7년"을 의미한다. 그리고 위의 1번에서 보았듯이, 1년은 360일이다. 따라서 우리는 히브리인들(그리고 심지어 마귀 자신)이 이미 알고 있던 것을 깨닫기 위해 365와 1/4일과 360일 사이에 전환을 만들어야 한다.

> 칠십 주(다니엘 9:24) = 360일 단위로 계산된 490년 = 176,400일

육십구 주(다니엘 9:25) = 360일 단위로 계산된 483년 = 173,880일
173,880일 = 현 그레고리안력의 365와 1/4일 단위로는 476년, 21일

3. 따라서 "예루살렘을 복원하고 건축하라는 그 명령이 나오는 때부터 메시아 통치자까지"는 476년과 3주가 될 것이다. 코레스가 하나님께 기름부음 받아 포로들의 이스라엘 귀환을 시작한 반면, 예루살렘 "재건"을 허락해 준 것은(느 2:5) B.C. 445년경의 아탁세르세스의 칙령이었다(느헤미야 2장 참조).

4. B.C. 445년 더하기 476년(더하기 1년, 그레고리안력에는 "0"년이 없으므로) = 약 A.D. 31년. 평균 수명을 고려하면, 그것은 사탄(과 시간을 내어 주의 깊게 읽어 본 사람)에게 메시아께서 헤롯 대왕의 날들 언젠가에 태어나셔야 함을 보여 주었다.

자, 어떤가! 그리 어려운 게 아니지 않은가?

▶ 115페이지

바빌론은 문자 그대로 붕괴되었다. 한 번에 하나씩. 벨사살이 "벽에 쓰인 글"을 보았을 때(단 5장)인 B.C. 539년은 바빌론 제국의 종말의 시작이었다. 아래의 표를 보라.

- B.C. 539 - "메네 메네 테켈 우파르신" 즉 "헤아렸다 헤아렸다 달았다 나뉘었다." 하나님께서는 "저울에 달았더니 부족한 것이 발견되었고" 메데와 페르시아 사이에서 "나뉠" 것임을 다니엘에게 보여 주셨다(다니엘 5장). '바로 그날' 코레스 대왕이 바빌론을 점령했다!
- B.C. 522/21 - 바빌론이 다리오에게 점령되었다. 성읍을 지키는 바빌론의 유명한 10개 성문이 무너졌다.
- B.C. 482 - 바빌론이 크세르크세스에게 점령되었다. 성읍의 모든 구역이 구석구석 약탈당해 폐허로 남겨졌다. 그후 바빌론은 앗시리아와 함께 묶여져 무거운 세금을 내야 했다.
- B.C. 331 - 알렉산더 대왕이 바빌론을 회복시키려다가 그곳에서 죽어 계획이 폐기되었다.
- B.C. 307-300 - 바빌론의 많은 시민들이 약 90마일 떨어진 셀레우키아의 새 성읍을 식민지화하려고 떠났다.
- B.C. 160-140 - 바빌론은 경쟁 국가의 군대들에게 네 차례 점령되었다. 네 번째는 파르티아의 미트리다테스 1세에게 점령되어 그리스의 통치를 끝냈다.
- B.C. 130 - 바빌론이 안티오쿠스 7세 히데테스에게 점령되었다.
- B.C. 127/26 - 바빌론이 히스파오시네스에게 점령되었다.
- B.C. 126-123 - 바빌론의 장터와 그 신전들 몇 군데가 히메로스에 의해 불탔다. 성읍 대부분이 파괴되었다. 많은 잔류 시민들이 노예로 메디아에 보내졌다.
- B.C. 122 - 바빌론이 파르티아의 미트리다테스 1세에게 재점령되었다.
- B.C. 30 - 그리스 지리학자 스트라보가 활동하던 시기에(B.C. 63 - A.D. 19) 바빌론은 그 "광대한 지역에 사람이 살지 않게" 되었다.

간략히 말해서 바빌론은 여전히 이주자들로 이뤄진 작은 식민지가 있었지만, 코레스 대왕 이후로 세계적 강대국이기를 그쳤다. 결국 그 성읍은 역사의 모래 속에 묻혔고, 두 번 다시 건설되지 못했다.

주목: 이라크의 이전 통치자(1979-2003) 사담 후세인이 "바빌론 재건"을 주장했지만, 그가 실제로 한 일은 닮은 건물의 정면을 쌓아올려 관광객들에게 바가지 씌우는 것뿐이었다. 바빌론 성읍 자체는 하나님께서 예레미야 51장에 약속하신 것처럼 '결코' 재건되지 않았다.

▶ 126페이지

요셉과 마리아가 정혼한 지 9개월이 안 되어 탄생하신 예수님. 누가복음 1:26,36에 따르면, 엘리사벳이 침례인 요한을 임신한 지 여섯 달이 되자 천사 가브리엘이 마리아에게 나타났다. 그리고 그녀가 『보소서, 주의 여종이오니 당신의 말씀대로 이루어지이다.』(38절)라고 겸손히 언명하자 성령께서 그녀에게 임하시어 하나님의 아들, 곧 아들 하나님이신 예수 그리스도를 그녀의 자궁에 잉태되도록 하셨다(눅 1:30-35,42,43, 마 1:18). 그 뒤 그녀는 『그 무렵에』 그녀의 사촌 엘리사벳을 보려고 일어나 『황급히』 갔다. 그녀가 임신했음을 요셉이 알았을 때 그에게 첫 번째로 든 생각은 "그녀를 은밀히 단절하는" 것이었다. 당시에 정혼은 구속력이 무척 강하게 여겨졌기 때문에 혼인 취소는 문자 그대로 이혼을 의미했다! 그러나 하나님께서는 요셉을 안심시키셨고(마 1:19-21), 그는 그녀와 혼인했다. 그는 그녀가 주 예수를 낳을 때까지 그녀와 부부관계를 갖지 않았고(마 1:24,25), 그들은 '둘 사이에' 야고보와 요세, 시몬, 유다를 낳았다(p.122 참조). 따라서 그들은 하나님께서 예수님을 그녀의 자궁에 잉태시키시고 얼마 후에 혼인했던 것이다.

다른 이들이 주님의 탄생의 '시기'를 알았다는 것을 복음서들의 한 기록이 암시하고 있다.

요한복음 8장에서, 예수께서는 하나님 아버지를 기쁘게 해드리는 자신의 일들을 아브라함을 자신들의 조상이라고 주장한 바리새인들의 일들과 대조시키셨다. 예수께서는 한 가지 점에서 그들을 직접적으로 맞서셨다.

『너희는 너희 아비의 일들을 행하는도다."라고 하시더라. 그때 그들이 주께 말하기를 "우리는 음행을 통하여 나지 아니하였으며, 우리에게는 한 분 아버지가 계시니, 곧 하나님이시라."고 하니』(요 8:41).

어떤 이들은 『우리는 음행을 통하여 나지 아니하였으며』라는 말씀이 "우리는 '우리의' 아버지가 누구인지 안다!"를 말하는 또 다른 방식이며, 예수님을 사생아라고 비난하는 이중 의미를 지닌다고 말한다. 그러나 주 예수께서는 아버지 하나님의 아들이시며(요 8:42), 『너희는 너희 아비 마귀에게서 나와서』(요 8:44)라고 분명히 답변하셨다.

세미라미스와 달리, 이것은 계획되지 않은 임신이 아니라, '예언된' 임신이었다!
- 창세기 49:10은 실로(문자적으로 "그것이 속한 분")께서 유다 지파에서 오실 것이라고 말씀한다. 이사야 11:1,10과 예레미야 23:5; 33:15은 『가지』이신 분이 이새와 다윗의 계보에서 나오실 것이라고 말씀한다. 예수께서는 다윗을 통하여 유다 지파 출신이시며, 이 일은 요셉(법적으로)과 마리아에 의해 이루어졌다. (마 1장과 눅 3:23-38 참조)
- 이사야 7:14은 주님께서 한 처녀에게서 나실 것이라고 말씀한다. 주님은 실제로 그러셨다!(눅 1:27)
- 미가 5:2은 주님께서 베들레헴에서 나실 것이라고 말씀한다. 주님은 실제로 그러셨다!(마 2:1,5,6,8,16과 눅 2:4,15) 대부분의 사람들은 그 작은 사실을 알지 못했다. 그들이 알았던 것은 주님이 갈릴리 나사렛 출신이시라는 것뿐이었다(마 21:10,11과 요 7:40-52).

주 예수께서는 주님 자신이 육신으로 오신 하나님이심을 보여 주셨다. 믿지 않는 지도자들은 주님이 사생아에 불과하다고 주장했다. 예수께서는 자신이 누구신가를 증명하셨다. 주님은 병자들을 치유하셨고, 마귀들을 쫓아내셨고, 문둥병자들을 깨끗게 하셨고, 죽은 자들을 일으키셨고, 무엇보다도 주님 자신이 죽은 자들로부터 일어나셨고 부활하신 주님을 '많은 증인들'이 보았다.

탐무스는 그 중 '어떤 것'도 할 수 없었다. 그는 사생아일 뿐이었다.

▶ 129페이지
"위대한 할렐"에 관하여. 바빌론 탈무드(Babylonian Talmud), 제4권, 바블리 페사힘(Bavli Pesahim; 2절판 책 99B-121B), 10:7, Section II, 12A-G는 "할렐"에 관한 다음과 같은 흥미로운 사실들을 밝혀 준다.

   A. 위대한 할렐이 있는데 우리가 어떻게 이것(시편 113-118편을 구성하는 특정한 "할렐")을 암송할 수 있는가?
   B. 이유인즉, 그것이 이 다섯 가지 언급을 포함하기 때문이다: 출애굽, 홍해를 나누심, 토라를 주심, 죽은 자의 부활 그리고 메시아의 비통함.
   C. 출애굽: 『이스라엘이 이집트에서 나오고』(시 114:1).
   D. 홍해를 나누심: 『바다가 이를 보고 도망쳤으며』(시 114:3).
   E. 토라를 주심: 『산들은 숫양들처럼 뛰놀았으며』(시 114:4).
   F. 죽은 자의 부활: 『내가 산 자들의 땅에서 주 앞에 걸으리이다』(시 116:9).
   G. 메시아의 비통함: 『영광을 우리에게 돌리지 마소서. 오 주여, 우리에게 돌리지 마시고』(시 115:1).

또한 주목할 것은 예수께서 나귀를 타시고 예루살렘 거리들을 지나셨을 때 사람들이 "지금 구원하소서!"라고 하나님께 외쳐 구하는 "호산나!"를 소리쳤다는 것이다. 그들은 예수께서 메시아와 이스라엘의 참된 왕이 되시려고 오셨을 때 하나님의 나라가 완전히 나타날 것을 기대했다! 이제 로마인들이 패배할 것으로 여겼던 것이다!

그러나 그들은 이제 곧 끔찍이 실망하게 될 것이었다.

▶ 151페이지
바티카누스 언덕에서 장난삼아 살해된 그리스도인들. 그들은 오늘날 바티칸 앞에 서 있는 '바로 그 오벨리스크' 근처에서 실제로 죽임을 당했다! Peter Tomkins의 The Magic of Obelisk(1981), p.10 참조.

▶ 154페이지
마가복음의 "잃어버린 구절들"(16:9-20). 아래의 그림은 그린 것이 아니라 바티칸 사본(Codex Vaticanus)을 실제로 스캔한 사진이다! 거대한 고대 책들("codices"라 불림 - 단수는 "codex")은 비쌌다. 그것들은 손으로 만들어져야 했고, 여백이 귀했다. 현대의 성경들은 성경의 한 책이 끝나면 다른 책이 다음 페이지에서 시작하지만, 알렉산드리아에서는 그렇지 않았다! 그들은 신약의 한 책을 끝내면 독자가 방금 읽은 것을 상기시키기 위해 그 책에 대한 요약 표제를 기록했다. 그 뒤 그들은 다음 책을 '바로 다음 란에서' 시작했다! 필자는 바티칸 사본과 시내 사본을 스캔한 복사물로 이것을 직접 증명해 놓았다(예를 들어 〈그림 1〉 참조). 이것은 매번 사실이다 - 바티칸 사본의 마가복음 16장을 제외하고! 154페이지를 다시 보라. 9-20절이 있어야 하거나 다음 책(누가복음)이 시작되어야 했을 곳에 '빈 란'이 있다. 왜 비어 있을까? 독자도 알 것이다.

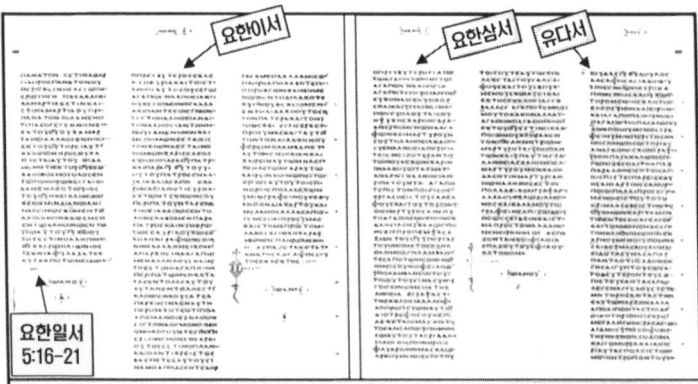

그림 1. 바티칸 사본의 두 개의 연속적인 페이지. 성경의 다음 책이 바로 다음 란에서 어떻게 이어지는지 주목하라. 이제 마가복음 16장을 다시 보라(p.154). 16:9-20이 있어야 할 란이 빈 채로 남겨져 있다! 누가 보더라도 무언가가 분명히 빠져 있다!

마가복음 16:9-20에 관한 추가 정보와 왜 그 말씀이 성경에 있는지를 알기 원한다면 Daniels의 Answers to your Bible Version Questions(2003), pp.117-119를 참조하라.

▶ 155페이지

미트라스 = 솔 인빅투스, "정복되지 않은 태양" = 탐무스. 故 E.O. James(1888-1972)는 The Ancient Gods; The History & Diffusion of Religion in the Ancient Near East & the Eastern Mediterranean(1960년도 책의 2004년 판 - 본서의 '주석을 단 참고 문헌 목록' 참조)에서 다음과 같이 기술했다.

> 미트라스는 그의 원래 인도-유럽 형태에서는 베다(Veda)의 빛의 신 미트라였고, 그 뒤... 바빌론의 태양 신인 샤마쉬와 그리스의 헬리오스와 동등하다고 간주되어 온 솔 인빅투스, 곧 '무적의 태양'과 동일시되었다.
> (p.318 참조)

아폴로는 바빌론의 샤마쉬와 이집트의 호루스에 해당하는 그리스 신이다(Turner & Coulter의 Dictionary of Ancient Deities(2000), p.62의 "Apollo" 항목 참조).

미트라의 생일은 언제일까? Turner & Coulter에 의하면:

"그의 생일은 12월 25일이다."[1] 이것은 '탐무스와 동일' 하다. 따라서 요약하면,

---

[1] Turner & Coulter의 Dictionary of Ancient Deities(2000), p.325, "Mitra" 참조

부록 A: 권말 주석

211

'태양 신' 으로서의 탐무스 = 미트라스 = 미트라 = '솔 인빅투스' = 샤마쉬
= 헬리오스 = 아폴로 = 호루스 등.

그리고 이 신들에 관한 동의어 목록은 계속 늘어난다.

▶ 156페이지

기독교 이전의 상징으로서의 십자가. T.W. Doane의 Bible Myths & Their Parallels in Other Religions(1882), Chapter 33, pp.339-351를 참조하라. 이 페이지들에서 저자는 몇 가지 깜짝 놀랄 사실들을 입증한다.

이교도들은 그리스도로부터 수 세기 전 다양한 장소에 십자가들을 세웠다.
- 불교도들도 추종자들의 머리에 "십자가 표시"를 했다.
- 이집트인들은 우리가 "갈보리 십자가"라고 부르는 것을 사용했다. 이것은 선을 상징하는 상형문자로서 마음으로부터 일어서는 십자가이고, 그들의 "신성한 빵" 위에 있는 십자가인데, 이는 카톨릭교도들이 그들의 "성금요일(Good Friday)"에 행하는 것과 정확히 일치한다.
- 바빌론인들은 신들인 안(An)과 발(Bal)의 표시로서 십자가를 지녔다.
- 페르시아인들은 알렉산더 대제와 전쟁을 치를 때 그것을 깃발로 사용했다.
- 페니키아인들은 그것을 그들의 묵주에 사용했다.
- 그리스인들과 로마인들조차도 수 세기 동안 "갈보리 십자가"를 사용했다.

이 "카이로(chi-rho)"는 실제로 "오시리스의 합일 문자"이자 "쥬피터 암몬의 합일 문자"이다! 그는 이것을 수많은 자료들로 입증했으며, 자료들을 그의 참고 문헌 목록에 분명하게 제시해 놓았다. 직접 확인해 보라!

IHS IHS 이 상징 역시 이교도들에 의해 어떤 언어나 형태로든(대개 그리스 또는 로마) 사용되었다. 그것은 원래 바커스의 합일 문자였다! 캐시미어(Cashmere)의 마하라자(Maharajah)로부터 예수회에 이르는 수많은 종교인들이 그것을 자신들에게 맞게 철자를 약간씩 바꾸어 거기에 그들만의 의미들을 부여했다. 이 바커스의 상징은 결국 오늘날 카톨릭의 전병 신에 새겨진 "IHS"가 되었다.

▶ 176페이지

마리아 다음으로, 하늘나라에서 두 번째에 위치한 파티마. 마호메트는 죽기 직전 하늘나라에서의 파티마의 위치를 묘사했다. Sahih Bukhari의 Hadith, Volume 4, Book 56, #819에서, 아이샤(그의 여러 아내들 중 하나)는 다음과 같이 이야기했다.

> 파티마가 걸어왔을 때 그녀의 걸음걸이는 그 선지자(마호메트)의 걸음걸이와 같았습니다. 선지자는 말하기를 "환영하노라, 오 내 딸이여!"라고 했습니다. 그 뒤 그는 그녀를 자기 오른편이나 왼편에 앉히고서 그녀에게 한 비밀을 말해 줬고 그녀는 흐느끼기 시작했습니다. 나는 그녀에게 "왜 흐느끼십니까?"라고 물었습니다. 그는 다시 그녀에게 한 비밀을 말해 줬고 그녀는 소리 내어 웃기 시작했습니다. 나는 "내가 오늘 본 것처럼 슬픔에 그토록 가까운 기쁨은 본 적이 없습니다."라고 말했습니다. 나는 선지자가 그녀에게 무슨 말을 했는지 그녀에게 물었습니다. 그녀는 "나는 알라의 사도의 비밀을

결코 폭로하지 않을 겁니다."라고 했습니다. 선지자가 죽자, 나는 그녀에게 그것에 관해 물었습니다. 그녀는 "선지자가 말씀하시기를 '가브리엘은 매년 한 번만 나와 함께 코란을 개정했는데, 금년은 그가 그 일을 두 번 했다. 나는 이것이 내가 죽을 전조라고 생각한다. 그러면 너는 나를 따르는 내 가족 중 첫 번째가 될 것이다.' 라고 했습니다. 그래서 나는 흐느끼기 시작했습니다. 그러자 그는 '너는 낙원의 모든 여인들의 지배자 혹은 모든 믿는 여인들의 지배자가 되는 것이 좋지 않느냐?' 라고 했습니다. 나는 그 말에 소리 내어 웃었던 것입니다."

▶ 177페이지

마리아와 무슬림들에 관한 전체 인용문. 전체 인용문을 작은 공간에 맞춰 넣는다는 것은 매우 힘든 일이다! 따라서 독자에게 전후 맥락을 알려 주기 위해 여기에 전체 인용문을 제시한다.

다음은 아그레다의 마리아를 전체 인용한 것이다.

> 마지막 때에 주께서는 그의 모친의 명성을 특별히 전파하실 것입니다. 마리아께서는 구원을 시작하셨고, 그녀의 중보로 그것이 끝맺어질 것입니다. 그리스도의 재림 전에, 마리아께서는 불신자들을 카톨릭 신앙으로 데려오시기 위해 그 어느 때보다도 더 자비와 힘과 은혜로 빛을 비추실 것입니다. 마지막 때에 마리아께서 마귀들에 대해 가지는 능력들은 매우 확연할 것입니다. 마리아는 그리스도의 통치를 이교도들과 무슬림들 위에 확장하실 것이고, 마리아께서 마음의 지배자와 여왕으로 즉위하실 때 큰 기쁨이 있을 것입니다.

다음은 풀턴 J. 쉰을 전체 인용한 것이다.

> 어떤 이들이 무슬림들과 관련해 품고 있는 두려움은 실현되지 않을 것이고, 대신 무슬림들이 결국 기독교로 개종할 것이라는 것이, 그것도 우리의 선교사들 가운데 의심하는 이가 아무도 나오지 않을 방법으로 개종할 것이라는 것이 우리의 확고한 믿음입니다. 이 일은 기독교의 직접적인 가르침들을 통해서가 아니라, 무슬림들로 하여금 하나님의 어머니를 공경하게 함으로써 일어날 것이라는 것이 우리의 믿음입니다.

부 록 B:
주석을 단 참고 문헌 목록

▶ 용어 설명
삽화: 한 페이지에 몇 장의 그림에서 많은 그림들이 삽입되어 있고, 책 전체에 배치되어 있음.
전면 삽화: 이해를 돕기 위한 전면 그림들.

Adler, Margot. Drawing Down the Moon: *Witches, Druids, Goddess-Worshippers, & Other Pagans in America Today.* 개정/확장판. New York: Penguin books, 1986. 철저히 반기독교적이며 이교를 조장하는 책이다. 네오 이교 운동을 이해하는 데 도움이 되지만, 독자를 이교로 끌어들이려고 시도한다. 삽화포함.

Baring, Anne & Cashford, Jules. *The Myth of the Goddess: Evolution of an Image.* New York: Penguin Books, 1991. Baring과 Cashford는 여신 숭배가 아마도 2만 년 전의 원시인들로부터 계속 "진화하여" "새로운 여신"으로서 현대의 마리아 숭배로 이어졌을 것이라고 주장한다. 그들은 칼 융의 심리학을 많이 언급하는데, 이 심리학은 모든 인간에게 잠재적인 "보편 무의식"이 있다고 가르친다. 그럴 만도 한 것이 두 사람 모두 분석 심리학자들의 국제 연합의 회원들이다! Baring은 "힌두교와 불교, 기독교의 잠재적인 연합"을 믿고, Cashford는 신화를 가르친다. 여신 숭배 책이지, 어떤 면에서도 기독교적이지 않다. 삽화포함.

Belan, Kyra. *The Virgin in Art: From Medieval to Modern.* New York: Barnes & Noble Books(by arrangement with Parkstone Press Ltd.), 2005. 화가 Belan 박사는 어떻게 로마카톨릭의 마리아가 고대 여신들의 새로운 형태가 되었는지를 많은 대표적 그림들로 보여 준다. 그녀는 이교의 여신 숭배자들을 카톨릭 마리아 숭배자들이 되게 한 화가들이 남겨 놓은 많은 평범한 단서들을 골라낸다. 그녀의 묘사들은 매우 흥미롭다. 그녀는 카톨릭교도일지도 모르며, 분명 그리스도인은 아니다. 전면 삽화.

Caner, Ergun & Caner, Emir. *Unveiling Islam: An Insider's Look at Muslim Life & Beliefs.* Grand Rapids, Michigan: Kregel Publications, 2002. 이 Gold Medallion Book Award 수상작은 그 탁월한 평판을 받을 만하다. 민감한 주제를 다루고, 흥미로운 사실을 드러내며, 이슬람의 안팎을 뒤집어 훤히 볼 수 있게 해준다. 또한 예수 그리스도의 복음이 어떻게 하면 무슬림의 마음에 박혀 들어갈 수 있는가도 보여 준다.

Carroll, James. *Constantine's Sword: The Church & the Jews. A History.* New York: Houghton Mifflin Co., 2001. 이전에 카톨릭 사제였던(1969년 서품을 받음) Carroll은 바티칸과 유대인들 - 또한 바티칸과 비카톨릭인들 - 사이의 관계를 이해하려고 노력하는 데 수년을 보냈다. 그의 결론은 그의 카톨릭 신앙으로 채색되어 있지만, 그가 역사에서 인용한 것들은 일반적으로 꽤 정확하다. 콘스탄틴의 생애에서 일어난 몇몇 중요한 사건들을 기록하기도 한다.

Conway, Deanna J. *Maiden, Mother, Crone: The Myth & Reality of the Triple Goddess.* St. Paul, MN: Llewellyn Publications, 2003. D.J. Conway는 뉴에이지와 비술 연구가로, 요가난다(Yoganada), "카발라, 힐링, 약초, 마법 숭배(Wicca)"를 연구했으며, 두 뉴에이지 교회들에서 임명받은 사역자이다. 그녀는 그녀의 "마음이 이교 문화들 안에 있다"고 말한다. 그녀는 "여신" 또는 "신성한 창조적 힘"이 그 안에 있다고 믿으며, 또 실제로 독자로 하여금 "여신"을 그것의 세 가지 주요 형태, 즉 처녀, 어머니, 노파로 숭배하게 하려고 노력한다. 그녀는 원칙들과 신화적 역사는 물론, 명상과 실제적인 "여신" 숭배 의식을 다룬다. 어떤 여신 신화들은 필자가 다른 많은 책들에서 발견한 것보다 훌륭하게 묘사한다. 전적으로 반기독교적이다. 삽화.

Cotterell, Arthur & Storm, Rachel. *The Encyclopedia of World Mythology: A Comprehensive A-Z of the Myths & Legends of Greece, Rome, Egypt, Persia, India, China, & the Norse & Celtic Lands.* London: Lorenz Books(Annes Publishing Ltd에서 출판함), 1999, 2004. 이것은 꽤 정확하고 삽화가 잘 되어 있는 책이다. 책에서 묘사되는 각각의 신화적 캐릭터에 대해 최소 한 가지 관점을 제공한다. 훌륭한 보충 연구용 도서이다. 비기독교적이지만, 반기독교적이지는 않다. 전면 삽화.

Daniels, David W. *Answers to Your Bible Version Questions.* Ontario: Chick Publications, 2003. 사람들이 성경 역본들에 관해 묻는 60가지 질문들에 답변한다. 주석을 단 참고 문헌 목록과 주제 색인과 성경 색인이 포함되어 있다.

Daniels, David W. *Did the Catholic Church Give Us the Bible? The True History of God's Words.* Ontario: Chick Publications, 2005. (한국의 말씀보존학회에서 〈로마카톨릭과 성경〉으로 출간됨.) 이 책은 성경의 '두 가지' 역사를 보여 준다. 하나는 하나님께서 그분의 말씀들을 자신의 사람들을 통해 보존하신 역사이고, 또 하나는 마귀가 로마카톨릭 종교를 이용하여 카톨릭 "학자들"을 통해 하나님의 말씀들을 변개시킨 역사이다. 전면 삽화(Jack Chick 그림).

Davies, Nigel. *Human Sacrifice: In History and Today.* New York: William Morrow & Co., Inc, 1981. Davies 박사(1920-2004)는 가장 유명한 라틴 아메리카 고고학자들 중 하나였다. 영국에서 자란 Davies는 Universidad Autonoma de Mexico에서 Ph.D.를 취득했고, 콜럼버스가 미 대륙을 발견하기 이전의 멕시코 문명들에 있어서 전문가가 되었다. 그는 기독교가 다른 종교들처럼 같은 이교적 기원에서 발원한 것으로 그릇되게 가정한다. 비기독교적이지만, 반기독교적이지는 않다. 삽화.

Dalley, Stephanie, Editor & Translator. *Myths from Mesopotamia: Creation, the Flood, Gilgamesh & Others.* New York: Oxford University Press, 1989. 개정판, 2000. 이 책은 1800-1900년대에 발견된 점토판들에 새겨진 설형문자(쐐기 모양 글)로 기록된 많은 유명한 서사적 이야기들을 번역한 것이다. 삽화.

Doane, T.W. *Bible Myths & Their Parallels in Other Religions, Being a Comparison of the Old & New Testament Myths & Miracles with Those of Heathen Nations of Antiquity Considering also Their Origin & Meaning.* New York: The Truth Seeker Company, 1882. Kessinger Publishing의 Rare Mystical Imprints(www.kessinger.net)에서 재판을 찍음. 이 반기독교적 책은 역사적인 성경 이야기들을 고대 종교들의 다양한 신화들과 비교함으로써 기독교를 깎아내리려고 한다. 성경의 이야기가 먼저 발생하고, 그 뒤 이교도들이 성경 이야기를 채택하여 그들의 신화로 만들었을 때는 그 엄연한 사실들을 무시한다. 삽화.

Frazer, Sir James George. *The Golden Bough: A Study in Magic and Religion.* 1 Volume 요약판. New York: Touchstone(Simon & Schuster), 1996 by Macmillan, Inc. 이것은 반기독교적 사람들에게 사랑받는 책이다. 그들은 기독교가 다른 이교처럼 진화했다고 말하고, 성경적 기독 신앙과 로마카톨릭 사이의 차이점들을 무시하지만, 매우 유용한 정보를 제공한다. 작은 글자로 된 본

문으로, 827페이지 분량이다.

Gadon, Elinor W. *The Once & Future Goddess.* New York: HarperCollins, 1989. Gadon은 인도의 미술과 문화, 인도 문화의 맥락 속에서 형상과 상징들을 분석하는 일을 전문적으로 다루는 미술사가이다. 그녀는 자신이 역사를 통해 어떤 형태의 "여신"을 취하든지 "여신"은 세상을 치유하고 탈바꿈시키는 열쇠라고 믿는다. 그녀는 남성 지배적인 종교(기독교 포함)에서는 존재하지 않는 사랑과 자유와 자기인식에 대한 "새로운 의식"을 가져오기 위해 "여신"이 사회에 "재출현했다"고 믿는다. 삽화.

Gahlin, Lucia. *Egyptian Religion: The Beliefs of Ancient Egypt Explored and Explained.* London: Anness Publishing Ltd., 2002. 이 책은 다음의 여섯 가지의 주제에 초점을 맞춘다: 매장터, 장례 종교, 무덤, 대중 종교, 신전, 사제, 아크헤나텐(Akhenaten)의 종교 개혁. 철저한 삽화 활용.

Grant, Michael. *Constantine the Great: The Man & His Times.* New York: Barnes & Noble Books(Simon & Schuster, Inc. 출판), 1993. 이 책은 콘스탄틴을 그의 제국을 서서히 변화시킬 필요성을 느꼈던 한 그리스도인으로서 이해한다. 필자는 그가 어떤 면에서도 성경적인 그리스도인이었다는 데 동의하지 않는다. 그러나 여전히 많은 훌륭한 작은 역사적 정보들을 얻을 수 있으며, 그가 어떤 종류의 사람이었는지 독자가 직접 확인할 수 있다. 삽화.

Harding, M. Esther. *Woman's Mysteries: Ancient and Modern. A Psychological Interpretation of the Feminine Principle as Portrayed in Myth, Story, and Dreams.* New York: G.P. Putnam's Sons for the C.G. Jung Foundation for Analytical Psychology, 1971. 원래 1935년에 출간된 이 책에는 칼 융이 직접 쓴 서문이 담겨 있다. Harding은 1920년대에 융에게 수련을 받았고, 1971년에 사망할 때까지 융의 가르침을 실행하는 분석가로 남아 있었다. 이 책을 특별히 인용한 이유는 아스타르테와 다이아나, 기타 세미라미스와 동일 인물일 셀 수 없이 많은 다른 이름들에게 인신 제사를 드렸다는 증거가 있음을 공개적으로 인정하기 때문이다. 비기독교적. 삽화.

Hislop, Alexander. *The Two Babylons: Or, The Papal Worship Proved to Be the Worship of Nimrod & His Wife.* Ontario, California: Chick Publications. 1858년도 원서의 재판. 이 책은 현대의 로마카톨릭 체계가 고대 바빌론의 그것과 동일한 종교임을 보여 주는 고전이다. 그 메시지가 매우 강력하기 때문에 마귀는 특히 1990년대 후반기부터 책의 신뢰도를 떨어뜨리려고 애쓰고 있다. 그러나 고고학이 오늘날처럼 발전하기 전에 쓰였음에도 놀랍도록 정확하다. 매우 상세하며, 때로 혼란스러울 수도 있다. 삽화.

James, E. O. *The Ancient Gods: The History and Diffusion of Religion in the Ancient Near East and Eastern Mediterranean.* Edison, NJ: Castle Books, 2004. 원래 영국의 Weidenfeld & Nicolsont에서 1960년에 출간했던 책. 故 James 교수(1888-1972)는 오랜 동안 눈부신 경력을 가졌고 기타 여러 가르치는 위치에서 일한 뒤 런던 대학에서 역사학과 종교 철학의 명예교수가 되었다. 그의 책은 신들과 여신들과 그들의 이교들이 어떻게 "자연과 농업, 계절, 생식, 생명과 죽음에 대한 집착, 생존을 위한 투쟁"과 연결되었는지를 보여 주려고 시도한다. 이 인류학자는 다른 많은 이들과 마찬가지로 기독교와 같은 종교들이 "원시적인" 자연 종교에서 "진화했다"는 생각을 믿는다. 비기독교적. 삽화.

Leick, Gwendolyn. *Mesopotamia; The Invention of the City.* New York: Penguin Books, 2001.

Leick는 런던의 American International University에 강의하고, 또 Chelsea College of Art and Design에서 디자인 이론(Design Theory)을 가르치는 인류학자이자 앗시리아 학자이다. 또한 그녀는 역사와 고고학, 중동 인류학을 강의하며, 고대 근동에 관해 집필하고 있다. 이 책은 Eridu와 Uruk, Shuruppak Akkad, Ur, Nippur, Sippar, Ashur, Nineveh, Babylon, 즉 열 개 도시들의 창조와 "삶"에 관한 그녀의 관점을 기술한다. 삽화.

Lings, Martin. *Muhammad; His Life Based on the Earliest Sources.* Rochester Vermont: Inner Traditions International, 1983. Lings는 대영 박물관에서 동양 필사본 관리자로 일했고, World of Islam Festival Trust의 자문 위원이었으며, 1977년에는 메카에서 열린 Conference on Islamic Education에 참가했다. 저서에는 Studies in Comparative Religion, The New Encyclopaedia of Islam, Encyclopaedia Brittanica가 있다. 간단히 말해, 8,9세기 아라비아 자료들에 대한 그의 신선한 번역은 무슬림 학자들에게 큰 권위를 지닌다. 또한 Chick Publications의 크루세이더 시리즈 중 하나인 The Prophet(〈선지자〉, 말씀보존학회)을 문서적으로 뒷받침한다.

Littleton, C. Scott, General Editor. *Mythology: The Illustrated Anthology of World Myth & Storytelling.* San Diego, CA: Thunder Bay Press, 2002. 이 책은 다양한 신들과 여신들과 연결된 많은 특정 신화들을 상세히 설명한다. 그것들 모두를 열거하거나 완전하게 다루려고 하지 않으며, 다룰 것들을 고르고 선별한다. 아무리 선별했어도 책은 여전히 거대하지만 읽기는 매우 쉽다. 몇몇 신화들은 다른 책들에서 구할 수 있는 것보다 훨씬 길게 묘사되어 있다. 철저한 삽화 활용.

Morey, Robert. *The Islamic Invasion: Confronting the World's Fastest Growing Religion.* Eugene, Oregon: Harvest House Publishers, 1992. 이 책은 특정 질문들에 답변하는 중요한 개관이다. 1) 이슬람은 무엇인가? 2) 그것은 어디서 왔는가? 3) 그것이 왜 오늘날 세계에 위협이 되는가? 그 책에는 무슬림들의 경전인 '코란'과 여러 권으로 된 '하디스'에 관한 내용이 담겨 있다. 그것은 또한 달신으로서의 알라에 관한 사진들로만 된 부분도 있다. 삽화.

Overy, Richard, Editor. *The Times Complete History of the World.* New York Times Books(Harper Collins), 제6판, 2004. 이것은 설명하는 글이 달린 지도들을 통해 독자를 역사 속으로 인도하는 책이다. 철저한 삽화 활용.

Parrinder, Geoffrey. *A Dictionary of Non-Christian Religions.* Philadelphia: Westminster Press, 1971. Parrinder(1910-2005)는 세계 종교들에 관한 최고 권위자 중의 하나였고, 런던의 King's College에서 1958년부터 1977년까지 비교종교학 교수로 재직했으며, 30권이 넘는 책의 저자이다. 그는 근 20년을 Benin과 Ivory Coast에서 선교사로 보냈다. 필자는 이 사전을 20년 동안 사용하고 있다. 그것은 1970년대부터 90년대까지 비기독교적 종교들에 관하여 이용할 수 있는 얼마 안 되는 자료 중의 하나였다. 힌두교, 불교, 이슬람교를 강조하고 있으며, 다른 책들과 마찬가지로, '모든' 신들을 열거하지는 못한다. 삽화.

Porada, Edith(R.H. Dyson과 공동 작업, C.K. Wilkinson의 부분적 기여). *The Art of Ancient Iran, Pre-Islamic Cultures.* New York: Crown Publishers, Inc. Art of the World, 1962. Porada(1912-1994)는 Columbia University에서 미술사와 고고학과 관련하여 Arthur Lehman 명예교수였고, 원통 인장에 관한 세계적 대권위자였다. 저자의 많은 여행을 다루는 이 책은 이란의 미술사 분야로의 표준적인 입문서로 여겨진다. 주로 컬러 사진들로 된 삽화들이 들어 있다.

Roaf, Michael. *Cultural Atlas of Mesopotamia & the Ancient Near East.* Oxfordshire, England: Andromeda Oxford Litmited, 1990. 책의 출발점으로서 53개의 지도를 사용한 Roaf는 468개의 삽화를 추가하여 역사와 문화, 또 20개의 특정 지역 시민들의 일상생활을 보여 주며, 주로 메소포타미아 지역을 다룬다. 종합적인 색인은 물론, 아주 잘 편집된 특집 글들이 있다.

Schnoebelen, William. *Wicca: Satan's Little White Lie.* Ontario, California: Chick Publications, 1990. 이전 마법 숭배자요 사탄주의자에게서 마법 숭배와 그것의 진짜 사탄적 기원에 관해 듣기 원한다면, 바로 이 책에서 들을 수 있다. Schnoebelen의 책에 관한 몇몇 언급들을 색인에서 보고, 직접 확인하라. Chick Publications에서 구입할 수 있다.

Sharkey, Don. *The Woman Shall Conquer.* Libertyville, Illinois: Prow Books/Franciscan Marytown Press, 1954, 1973 & 1976. 이 책은 "1830년 이후로 나타난 성모 마리아의 최근의, 사실 확인된 모든 환영들," 즉 "사탄의 세력들에 대한 그녀의 궁극적인 승리의 위대한 날을 가리키는 환영들"을 담고 있다고 주장한다. 철저히 카톨릭적이며 마리아 숭배를 위한 책이다.

Tetlow, Jim, Oakland, Roger & Myers, Brad. *Queen of Rome, Queen of Islam, Queen of All: The Marian Apparition's Plan to Unite All Religons under the Roman Catholic Church.* New York: Eternal Productions, 2006. 이 책은 로마카톨릭의 "마리아," 즉 마지막 때에 모든 종교를 연합할 모든 것을 아우르는 "여신"으로서의 마리아를 향한 사탄의 계획을 폭로하여 읽는 이를 깜짝 놀라게 한다.

Tomkins, Peter. *The Magic of Obelisks.* New York: Harper & Row, 1981. 이 책은 오벨리스크들과 그 기원, 의미, 연관된 이교 의식들에 관해 필자가 본 어떤 책보다도 많은 정보를 담고 있다. 그것은 또한 네로가 바티카누스 언덕 위의 오벨리스크 옆에서 그리스도인들을 죽였다는 이야기를 들려준다. 결코 기독교적이지 않지만, 대부분의 사람들이 모르고 있을 이교의 불결한 의식들과 신념들에 관해 많은 것들을 논의한다.

Turner, Patricia & Coulter, Charles Russell. *Dictionary of Ancient Deities.* New York: Oxford University Press, 2000. 이것은 결코 작은 사전이 아니다. 뒤표지에 적힌 주장에 따르면, 그것은 "모든 전통에서 나온 고대 신들에 관해 편집된 가장 포괄적인 참고 자료"이다. 필자 역시 그에 동의한다. 비록 그것이 필자가 찾아낸 '모든' 신과 여신을 다루지는 않지만, 공평하고 공정한 자세로 그것들 '대부분'을 다룬다. 만일 당신이 고대 신들에 관해 연구하고 있다면 이 책은 절대적인 필수품이다. 색인은 필자가 보았던 것 중 단연 최고이며, 당신이 찾고 있는 정보를 빨리 찾을 수 있게 해준다.

Whyte-Melville, G. J. *Sarchedon: A Legend of the Great Queen.* London: Ward, Lock & Co., Limited, 1871. 이것은 여왕 세미라미스의 시대로 시간이 설정된 소설이다 - 그녀는 님롯의 진짜 아내로서 실제로 산 뒤에도 여러 세기를 더 산 것처럼 되어 있다. 그 책은 앗시리아 왕 아슈르바니팔의 고대 앗시리아 도서관을 발견한 Austin Layard에게 헌정되어 있다. 그래서 많은 면에서 "역사 소설"이고자 시도한다. 바빌로니아와 북수메르, 남앗시리아 지역에서 발견된 고대 저작물들에 바탕을 두고 있으며, 현대 고고학의 초기에 저술되었다. 책에 부족한 점이 많지만, 그래도 세미라미스에 관한 묘사가 아주 잘 되어 있어 본서에 그것을 인용하게 되었다.

Wilkinson, Sir John Gardner. *A Popular Account of the Ancient Egyptians, Revised and*

Abridged from His Larger Work. New York: Crescent Books, 1988. John Murray가 처음 출판했던 2권짜리 책을 복사하여 한 권으로 만든 책이다. 원래 1836년에 출간되었으며, 1853년에 요약되고 다른 자료가 추가되었다. Wilkinson은 고대 유적들이 약탈과 부패와 파손으로 상실되기 전에 정보를 기록해 둔 "영국 이집트학의 아버지"이다. 여행 중에 개인적으로 발견한 그림들과 조각품들에서 발견된 것과 같은 모든 종류의 이집트적 삶을 담아 놓은 탁월한 목판화들을 담고 있다.

Wilkinson, Philip & Philip, Neil, Consultant. *DK Illustrated Dictionary of Mythology: Heroes, Heroines, Gods & Goddesses from Around the World*. London: Dorling Kindersley Limited, 1998. 이 책은 작지만 정보로 가득 차 있다. 매 페이지마다 많은 컬러 사진이 있으며, 작지만 각각의 신에 관해 빈틈없이 요약되어 있다. 책 전체가 세계의 대륙들 각각에 따라 분류되어 있다. 철저한 삽화 활용.

<u>전자 매체</u>

Ages Software. www.ageslibrary.com에서 구입 가능하며, 본서에 사용된 자료들은 다음과 같다.
- Master Christian Library
- Reformation Library
- Jacob Neusner가 번역한 Babylonian Talmud: Translation & Commentary

SwordSearcher Software. www.swordsearcher.com에서 구입 가능하다. 도서들과 학습 도구들에 관한 추가 정보를 원하면 웹사이트를 방문하도록 하라. 쉽게 배울 수 있고 놀라운 프로그램이다.

주제별 색인

1
1 Chronicles (Book of) 18, 32, 201
1 Corinthians (Book of) 96, 132, 142, 143, 170, 205
1 John (Book of) 123, 212
1 Peter (Book of) 10, 95, 137, 145
1 Timothy (Book of) 144, 203

2
2 Corinthians (Book of) 146
2 John (Book of) 211
2 Peter (Book of) 10, 24
2 Timothy (Book of) 171

3
3 days (in the tomb) 137-8, 140, 149 (무덤에서의 3일)
3 John (Book of) 211

A
Abel (아담의 아들) 72
Abraham, Abram (선지자) 18, 24, 111, 209
Accad, Accadian (도시 국가) 32, 78, 194, 197-98 (Akkad 참조)
Acts (Book of) 90, 132, 142-4, 152, 188
Adam (첫 사람) 17, 24, 38, 72
Adam Clarke's Commentary on the Bible 32, 196
Adler, Margot 203, 214
Adonis (탐무스) 58, 61, 69, 73, 89-90, 191, 194-6, 198-9, 207
Ahura Mazda (탐무스) 89, 98
Aino of Japan 206
Akkad, Akkadian (도시 국가) 77-8, 190, 197, 202, 217 (Accad 참조)
Alexandria, Egypt (거짓 성경들의 본산) 154, 161, 201, 211
Allah (달신) 7, 174-5, 177, 213, 217
An (님롯) 76, 197-9
Answers to Your Bible Version Questions 211, 215
Antiquities of the Jews 28, 31
Antioch of Syria 151-2, 154, 163
Anubanini (룰루비인들의 왕) 77, 196
Aphrodite (세미라미스) 82, 86, 195, 198, 201
Apollo (탐무스) 155, 157, 212

Artaxerxes IV (바빌론 왕) 208
Artemis (세미라미스) 83, 86, 167, 202
Ashera(h) (세미라미스) 82, 167,198-9, 201-2
Ashtoreth (세미라미스) 52, 74, 81-82, 167, 202
Asshur (탐무스) 51, 53, 69, 73, 89, 98
Assyria, Assyrian (국가) 53, 63, 76, 84, 89, 113, 190, 196, 208, 219
Astarte (세미라미스) 52, 82, 87, 109, 167, 192, 201-3, 216
Athena (세미라미스) 83, 86, 167, 198, 201
Attis (탐무스) 89, 191, 195, 207
Aztec 88, 92, 201, 203-4, 206-7

B
Baal (탐무스) 33, 51, 57-8, 61, 65, 69, 73-4, 81, 89, 109, 199, 203, 207
Babel, tower of 21, 63, 69, 76
Babel (도시) 32, 69, 76, 78
Babylon, Babylonians (고대) 6, 7, 20, 23-5, 27-30, 32, 34-5, 43-7, 50-1, 63, 66-7, 70, 75-8, 90, 107, 113-17, 153, 166-7, 188, 190, 194-7, 199, 202, 208-9, 211-12, 216-17, 219
Babylon (영적 - 로마) 6, 115, 117, 155, 185, 187
Babylon Religion 35, 58, 61, 62, 63-4, 67-70, 75, 91, 94, 99-104, 105, 107, 115, 127, 149, 158, 162-3, 164-5, 172, 177, 185, 187, 189, 190, 199
Babylonian Talmud 131, 210, 219
Bacchus (님롯) 80, 191, 201-2
Baring, Anne 191, 198-9, 201-2, 205, 214
Barnes' Notes on the Bible 195-6
Belshazzar (바빌론 왕) 208
Bible (하나님의 보존된 말씀들) 17, 72, 78, 80-1, 90, 96, 142, 152, 154, 160, 163, 165, 171, 187, 211, 215-6
Bible (마귀가 변개시킨 말씀들) 6, 80, 154, 161, 163, 172, 179, 211
Boar (탐무스를 죽인) 55, 61, 63, 191, 194-6

C
Caesar
  in general 131, 133, 151
  Julius 116

Nero 151
Cain (아담의 아들) 72
Calneh(= Nippur, 도시 국가) 32, 78, 197 (Nippur 참조)
Canaan (함의 아들) 18, 19
Canaan, Canaanite (국가) 19, 74, 81, 89, 167, 199, 205
Caner, Ergun & Emir 174-5, 214
Carroll, James 157, 159, 214
Cashford, Jules 191, 198-9, 201-2, 205, 214
Catholic religion 158-60, 167, 169-72, 176-7, 180, 182, 187-8, 191-2, 194, 198, 204, 206-7, 212-16, 218
Chi-rho 212 (p.156 참조)
Coatlicue (세미라미스) 204, 207
Confession, confessional 45-6, 203-4 - p.171 참조
Constantine (시저) 150, 155-63, 187, 192, 195, 214, 216
Conway, D.J. 196-7, 204, 214-15
Cotterell, Arthur 199, 202, 215
Coulter, Charles Russell 92, 174, 190-91, 193, 196, 199, 202-3, 204-5, 207, 212, 218
Cross 135-6, 156, 212
Cuneiform 53, 200, 215
Cush (함의 아들) 19-20, 22, 26, 63, 76, 80, 91, 199, 200
Cybele (세미라미스) 84, 109, 201
Cyrus (바빌론 왕) 114-15, 208-9

D

Dalley, Stephanie 31, 43, 92, 215
Daniel (선지자) 114, 208
Daniel (Book of) 114, 207-8
Daniels, David W. 152, 154, 161-2, 192, 211, 215
Davies, Nigel 203, 215
December 25 (태양신의 생일) 57-68, 120, 191-4, 206-7, 212
Deutronomy (Book of) 96, 113, 122, 128, 135, 170, 203, 205
Devil (Satan 참조) 16, 18, 20, 34, 40-41, 43, 63-4, 66-7, 75, 100, 107-12, 114, 123-5, 127, 141, 149, 152-3, 155, 163, 165, 208, 210, 215-16

Devils (악한 영들, 타락한 천사들) 54, 96, 99, 109, 117, 125, 146-7, 170, 175, 185, 203, 205, 210
Diana (세미라미스) 83, 167, 201, 216
Did the Catholic Church Give Us the Bible? 152, 154, 161-2, 192, 215
Dionysius (님롯) 80, 201
Doane, T.W. 205, 212, 215
Dumuzi, Dumuzid (Tammuz 참조)

E

Easton's Bible Dictionary 194
Egypt, Egyptian 19, 69-70, 73-5, 78-9, 85, 89-90, 92-3, 97-8, 108, 121, 153-4, 161, 163, 166-7, 172, 192-3, 196-7, 199, 201-2, 205-6, 210, 212, 215-16, 219
El (님롯) 74, 81, 198-9
Enos (셋의 아들) 17, 72
Equinox 68
Erech (Uruk 참조)
Ereshkigal (세미라미스) 85, 167
Exodus (Book of) 90, 122, 129, 131, 136, 210
Ezekiel (Book of) 194-6
Ezra 114

F

Farrar, Stewart 203
Fatima (마호메트의 딸) 176, 213
Fatima, Portugal 176-7
Fausset's Bible Dictionary 19, 26, 194
Flood (of Noah, 전 세계적) 10-14, 17, 24, 26, 28-9, 35, 39, 63, 72, 110, 215
Frazer, Sir James George 191, 195, 206, 216

G

Gabriel (하나님의 천사) 119, 209
Gabriel (한 마귀) 175, 213
Gadon, Eleanor 191, 216
Gahlin, Lucia 70, 90, 216
Galatians (Book of) 111, 175
Genesis (Book of) 9, 10, 12-13, 15-19, 21-2, 24, 26, 28, 32, 53, 61, 72, 77-8, 95, 110-11, 119, 122-3, 135, 198, 201, 210
Gilgamesh (님롯) 28, 29, 51, 69, 76, 78, 92
Gilgamesh, Epic of 28, 29, 31, 215
God's People (Hebrews 참조) 90, 108, 111-15, 160

Grant, Michael 157, 159, 216

H
Hadith 175-6, 213, 217
Haggai (Book of) 114
Hallel (series of Psalms) 129, 210
Halley's Bible Handbook 26
Ham (노아의 아들) 15, 18-20
Harding, M. Esther 87, 203, 216
Harpocrates (탐무스) 89, 193
Hathor (세미라미스) 92, 167, 201-2, 204
Hebrews (Book of) 10, 90, 137, 144, 145
Hebrews (하나님의 백성 - God's people 참조) 208
Hecate (세미라미스) 86, 201-3, 204, 207
Helios (탐무스) 155, 157, 211-12
Herod the Great 116, 121, 208
Hercules (탐무스) 90-91, 93
Hislop, Alexander 26, 33-4, 37, 40, 43-4, 46, 57, 76, 80, 91, 98, 104, 127, 190-94, 200-01, 216
Horus (탐무스) 73-5, 85, 89-90, 92-3, 192-3, 204, 207, 212
Huitzilopochtli 206-7
Huwawa (여호와의 이교적 왜곡, 주님을 악하게 보이게 만듦) 28-9, 190

I
IHS 212
Inanna (세미라미스) 51-4, 56, 59-61, 63, 69, 77, 82, 84-5, 93, 167, 190-91, 197-9, 201
Inquisition 179-83, 187
International Standard Bible Encyclopedia (ISBE) 26, 195
Isaiah (Book of) 114, 148, 203, 210
Isis (세미라미스) 70-1, 73-5, 85-6, 92-3, 109, 167, 192-3, 197, 199, 201
Islam 174-7, 197, 214, 217-8(Muslim 참조)
Ishtar (세미라미스) 30, 52, 59-60, 67-9, 77, 82-5, 88, 167, 190-91, 194-9, 201-2

J
James (아버지가 다른 예수님의 형제) 122, 209
James, E.O. 196, 205, 211, 217
Jamieson-Fausset-Brown 195
Japheth(노아의 아들) 15, 18

Jehovah (The LORD) 28
Jeremiah (Book of) 33, 102, 114-15, 195-6, 209-10
Jerome 172, 194
Jesus Christ (아들 하나님) 7, 72, 95, 120-49, 152, 157-9, 163, 169, 171, 173, 182, 184-9, 192-4, 209-10, 214
Jesus (가짜) 163, 165, 167-70, 175, 180, 187, 207
Jew, Jewish 119, 121-2, 128-9, 138, 145, 160, 163, 194-5, 214
John (Book of) 119, 123, 126, 128-30, 134, 139, 141, 144, 146, 209
John the Baptist 123, 209
Johnston, Francis 176
Jonah (선지자) 140
Joseph (마리아의 남편) 120-22, 126, 144, 209-10
Josephus, Flavius (역사가) 28, 31
Jude (또는 Judas, 아버지가 다른 예수님의 형제) 122
Jude (Book of) 143, 211
Judges (Book of) 90, 122
Jupiter (Nimrod) 81, 212

K
Krause, Hans 199-200

L
Lamb (of God, 예수님) 95, 123, 129-31, 134
Lamech (노아의 아버지) 17-18
Leick, Gwendolyn 190, 217
Leviticus (Book of) 80, 129, 132, 203
Lilith (세미라미스) 85, 167
Lings, Martin 176, 217
Littleton, C. Scott 73, 202, 204, 217
Livingston, Dr. David 28
Luke (Book of) 18, 119-20, 122, 124, 127, 129-32, 134, 139-43, 152, 209-10

M
Marduk (님롯에 해당하는 바빌론어) 23, 51, 65, 69, 76, 78, 109, 197
Mark (사도) 154
Mark (Book of) 122, 124, 129-32, 139, 141-3, 152, 154, 211
Mary (가짜 - Virgin Mary 참조) 177, 187, 198,

213-14, 218
Mary (진짜) 119-20, 122, 126-7, 144, 180, 209-10
Mary of Agreda 177, 213
Matthew (Book of) 11, 99, 120-22, 124-6, 128-32, 138-42, 147-8, 152, 171, 182, 186, 209-10
Messiah (이스라엘의 구주) 114, 129, 208, 210
Methuselah 9, 17
Mexico 88, 204, 206-7, 215
Micah (Book of) 201, 210
Mithra(s) (탐무스) 157, 191-2, 211-12
Moloch, Molech (님롯) 80, 203
Moon goddess 69, 71, 83-4, 87-8, 91-2, 174, 202-5
Morey, Robert 174-5, 217
Moses (하나님의 사람) 90
Muhammad 175-7, 213
Muslim 175, 177, 213-14, 217

N

Napoleon Bonaparte 180, 181, 183
Naram-Sin (룰루비인들의 정복자) 77, 197
Nazareth (도시) 121-2, 210
Nebo (쿠스 & 님롯) 76
Nebrod (님롯) 80, 201
Nehemiah 114, 129, 208
Nephthys (세미라미스) 73, 85, 197
Nimrod 8, 19, 22-3, 26-35, 41-4, 48-51, 55, 60-61, 63, 65-7, 69, 71, 74, 76-81, 84, 90-91, 105, 107-8, 115, 117, 165, 191, 197-201, 216, 219
Ninhursag (세미라미스) 93, 199
Ninsun (세미라미스) 92
Ninus (탐무스) 51
Nippur (도시 국가) 78, 197-8, 217
Noah 8-13, 15-16, 18-20, 35, 72
Numbers (Book of) 136

O

Origen 172
Osiris (님롯) 70-71, 73-5, 79, 97-8, 195, 199, 201, 205, 212

P

Parrinder, Geoffrey 43, 193, 202, 217
Perrin, Jean Paul 180

Plaisted, David 183
Porada, Edith 196, 218
Priest, Catholic 169, see also 145, 214
Priest (우리의 대제사장이신 예수님) 145, 149
Priest, priesthood (모든 성도들의) 145
Priest, priesthood, Jewish 129, 131, 145
Priest(ess), priesthood, pagan 33-4, 37, 44-6, 59, 64, 70, 73, 87, 97-8, 196, 201, 203-6, 216
Psalms (Book of) 96, 122, 129, 170, 205, 210
Purgatory 171

Q

Queen of heaven 40, 66, 101-2, 188, 192
Qur' an 175, 177, 213, 217

R

Revelation (Book of) 21, 95, 96, 99, 143, 145-7, 170, 173, 183-5, 189, 206, 208
Roaf, Michael 190, 198-9, 218
Romans (Book of) 64, 111, 139, 146, 153
Romans (로마인들) 115, 201, 210, 212

S

Sacrifice (인신 제사) 33, 80, 87, 96, 165, 203, 207, 215-16
Sacrifice (예수님의) 95, 105, 128-139
Sacrifice (탐무스의) 95, 105
Sacrifice (이교적, 짐승과 음식 등을 바침) 66, 86-7, 109, 202-5
Sacrifice (하나님께, 짐승을 바침) 16, 123, 135-6
Samson (성경의 재판관) 90
Sargon I (님롯) 77-8, 197
Satan (Devil 참조) 7, 19, 36, 40, 50, 58, 61, 63-64, 66, 68, 70, 83, 87, 93, 100, 104-5, 107, 110, 112, 114-17, 119-21, 123-7, 134, 149, 151, 153-5, 157-8, 160-63, 165-6, 175-7, 179-80, 184, 187, 203, 208, 218
Satanic 78, 80, 218
Saussy, F. Tupper 183
Schnoebelen, William 87, 203, 218
Semiramis (님롯의 아내) 33, 36-45, 51-7, 59-61, 63, 66-9, 71, 74, 81-8, 92, 94-5, 100, 103-5, 107-8, 110, 115, 117, 157, 163, 165, 167, 174-7, 180, 184, 188, 191, 197-9, 201-2, 207, 210, 216, 219

주제별 색인

Seth (셈이 악한 이집트 신으로 왜곡된 것) 72-4, 79, 85
Seth (아담의 아들) 17, 72
Shamash (탐무스) 51, 89, 98, 155, 211-12
Sharkey, Don 176, 218
Sheen, Fulton J. 177, 213
Shem (노아의 아들) 15, 18, 24, 32, 34-5, 37, 51, 63, 69, 71-4, 78-9, 85, 91, 199
Shemite (Semite, 셈처럼 하나님을 따르는 사람) 51, 71, 73
Shinar (땅 또는 평원) 20, 78
Smith's Bible Dictionary 195
Sol Invictus (탐무스) 155, 157, 211-12
Solomon (왕) 113, 114
Solstice
　Summer 68, 194
　Winter 68, 191-2, 207
Star (세미라미스의 상징) 77, 83-4, 196-7
Storm, Rachel 199, 202, 215
Sumer, Sumerian (바빌론 남쪽 국가와 언어) 51, 76, 85, 167, 190, 198-200, 219
Sun god (탐무스) 57, 67-9, 74, 89, 91-2, 98, 101, 155, 157-60, 163, 165, 168, 186-7, 191-4, 206-7, 212

T

Talmud, Babylonian 131, 210, 219
Tammuz (또는 Dumuzi, 세미라미스의 불법적 아들/남편) 33, 43, 50-58, 60-63, 66-9, 73-4, 81, 89-91, 95, 98, 103-5, 107-8, 115, 117, 157, 180, 190-92, 194-200, 207, 210, 211-12
Targum, Jerusalem 32
Targum of Jonathan be Uzziel 32
Tetlow, Jim 175-7, 218
Tlazolteotl (세미라미스) 88, 201, 203-4, 207
Tomkins 151

Transubstantiation 169, 206 (96-7 참조)
Turner, Patricia 92, 174, 190-91, 193, 196, 199, 202-5, 207, 212, 218
Two Babylons, The 26, 33-4, 37, 40, 42-3, 47, 50, 57, 72, 76, 80, 91, 98, 104, 127, 190-94, 200-01, 216

U

Unger's Bible Handbook 19, 77
Uruk (Erech, 현대 이라크 지역의 도시 국가) 32, 78, 197, 198, 217
Uruk Warrin (실례적인 목적을 위해 만든 허구적 인물) 22, 47-50, 66

V

Vatican (로마카톨릭) 166, 173, 212, 214
Vatican(us) hill 151, 158, 212, 218
Vatican(us) (거짓 성경) 154, 211
Venus (세미라미스) 82, 109, 194-6, 202
Venus (행성) 83, 88, 176, 204
Virgin Mary (가짜 - 'Mary 가짜' 참조) 6, 7, 167, 175-8, 188, 204, 207
Vitzilipuztli - see Huitzilopochtli
Vulgate, Catholic Latin 172

W

Wafer god (탐무스 또는 가짜 "예수") 96-8, 102, 104, 168, 170, 187, 205, 207, 212
Whyte-Melville, G.J. 60, 219
Wicca, Wiccan 197, 203, 215, 218
Wicca: Satan's Little White Lie 87, 203, 218
Wilkinson, Philip 190, 202, 219
Wilkinson, Sir John Gardner 192-3, 201, 219
Witchcraft 86-8, 202, 204

Z

Zagros mountains 29, 190
Zechariah (Book of) 130
Zeus (님롯) 81

사탄의 역사를 파헤치고 하나님의 복음을 전파하는
크루세이더 시리즈

크루세이더 시리즈 (전 11권) / 잭 T. 칙 지음 / 컬라판 각 32쪽 각권 3,000원 / 세트 33,000원

　이 시리즈는 칙 출판사의 전도용 만화책 <크루세이더 시리즈>(전 17권) 중 알베르토 시리즈에 이어서 나온 만화책으로 이번에 완결판을 출간하게 되었다.
　하나님을 대적하는 마귀의 악한 일들을 파헤치며, 특히 다양한 형태의 사탄 숭배의 모습과 마귀에게 사로잡힌 자들의 모습을 사실 그대로 드러내어 그 비밀스런 일들을 파헤치고 있다. 또한 예수 그리스도의 재림 때 멸망할 사탄의 마지막 발악을 들춰내어 예수 그리스도의 위대한 승리를 보여 준다. 이 모든 이야기를 전개해 나가는 가운데 죄인에게 전파되는 분명한 복음의 메시지를 포함하고 있어, 복음 전파용으로 사용하기에 매우 적합하다.

로마카톨릭의 실체를 파헤치고 하나님의 복음을 전파하는
알베르토 시리즈

이 시리즈는 칙 출판사의 전도용 만화책 〈크루세이더 시리즈〉(전 17권) 중 전직 예수회 사제였던 알베르토 리베라 박사의 증언을 통해 로마카톨릭을 파헤치는 6권의 만화책이다. 리베라 박사는 이 시리즈를 통해 자신이 예수회의 심장부에 있을 때 배우고 또 경험했던 내용들을 폭로하면서, 로마카톨릭 체제가 얼마나 사악한 집단인지를 밝히고 있다. 아울러 카톨릭 신자들과 카톨릭에 친근한 사람들에게 복음의 메시지를 전하며, 그 가운데서 빠져 나오라고 촉구하고 있다.

세트 출시

알베르토 시리즈 (전 6권) / 잭 T. 칙 지음 / 컬라판 32쪽 각권 3,000원 / 세트 18,000원

제1부 알베르토/ 리베라 박사의 간증을 통해, 카톨릭의 모든 비성경적인 교리와 행동들을 설명하며, 그들의 음모를 밝힌다.
제2부 이중 십자가/ 예수회 사제들의 사악한 서약, 즉 카톨릭을 위해 개신교 및 모든 종교들을 파괴시키겠다는 서약에 대해 설명한다.
제3부 대부/ 하나님의 위치를 점유하고 세계를 지배하려는 거대한 정치-종교 집단의 대부(교황)에 대해 폭로한다.
제4부 어둠의 세력/ 바빌론 신비 종교가 어떻게 카톨릭을 형성하게 되었는지 그들의 신비적인 행위들을 파헤쳐 설명한다.
제5부 네 명의 말 탄 자/ 계시록 6장의 예언들을 설명하면서, 카톨릭이 적그리스도의 체제임을 역사적인 사실들을 통해 증명한다.
제6부 거짓 선지자/ 이슬람교의 형성과 그들의 모든 역사적 범죄들에 대해서 카톨릭이 어떻게, 왜, 개입하게 되었는지를 설명한다.

반카톨릭시리즈 8
로마카톨릭과 바빌론 종교

초판 1쇄 : 2013년 8월 30일
초판 2쇄 : 2020년 3월 20일
지은이 / 데이비드 W. 다니엘즈
일러스트 / 잭 T. 칙
옮긴이 / 한승용
펴낸이 / 이송오
펴낸곳 / 말씀보존학회
출판등록 / 1988.12.12. 제 16-223호
전화 / (02) 2665-3743 · 팩스 / (02) 2665-3302
인터넷 / www.biblemaster.co.kr
판권소유 / 말씀보존학회

잘못된 책은 바꿔 드립니다.
값 12,000원

이 책의 어떠한 부분도 저자의 허가없이 재제작되거나
다른 방법(녹음, 복사, 전자, 기계 사용 등)으로 만들어질 수 없습니다.